I2理論

思考が変われば未来も変わる

Theory of individual order production
Inventory Asset Management × Investment Management

阿曽 賢治

はじめに

I2理論とは　~生産管理から生まれた経営思想であり経営哲学~

この本を手に取って頂いた方は、おそらくこの本がビジネス本コーナーに置かれていたことから、何かしら仕事の役に立つのかも知れないと興味を持って下さった方かと思います。あなたは、お仕事や人生に対して意欲的な方だとお見受け致します。成功したい、幸せになりたいという意欲があるならば、もう半分成功しています。幸せを手にしています。

この本はあなたのような志が高い方に向けて執筆致しました。あなたにこの本を理解頂いて、労働生産性を上げ、率先して豊かな人生を送って頂き、幸せになって頂きたいと願っております。

既に会社を経営されていらっしゃる方にとっては、この本に書かれていることは当たり前のことじゃないかとおっしゃると思います。そうなのです。生産管理というマイナーな分野においても、管理の基本的な考え方は同じなのです。今までの経験と照らし合せ想像力を持って同じだよねと思われると思います。同じだよねと考える力がある方なので、扱うモノが異なっても複数の経営ができていらっしゃるのだと思います。

さて、I2理論とは、「Theory of individual order production Inventory Asset Management × Investment Management（個別受注生産の棚卸資産管理×投資管理）」の略です。と聞くと何だか難しそうだと思ってしまうかも知れませんが、お伝えしたいことは簡単です。『**どうせやるなら楽**

しくスピード感を持ってやる』『**熱い意欲を持ってやり遂げる**』『**人生の目的は楽しむこと、成功は手段に過ぎない**』ということです。概要は「はじめに」と第3章の後半の12語録を読んで頂けたら把握できるかと思います。あとは生産管理に興味がある方は第1章を、お金に興味がある方は第2章を、Ｉ2理論での新たなキャッシュフロー管理について興味がある方は第3章の前半をご覧頂けたらと思います。

また表紙・背表紙に**縁起の良い図柄、最強の言霊**を書かせて頂きましたので、仮にご購入頂いて読まれなかったとしても『**飾っているだけでご利益（ごりやく）がある本**』になっております。

早速ですが「Ｉ2理論」について説明をさせて頂きます。

「Ｉ2理論」とは、棚卸資産管理と、投資管理の複利を融合させた考え方（理論）です。『累積コストカーブ**（コスト×時間）×複利**』で表せます。

本当の会社の儲けは、売上から原価を引いた利益だけではなく、**時間軸も考慮した利益（キャッシュフロー）を見る**必要があります。原価計算で1－1がゼロのものが、時間軸、投資の考えも反映して計算するとプラスにもマイナスにもなるのです。

このことは仕事のやり方においても同じことが言えます。**同じ仕事をするにもスピード感を持って仕事を進める**ことが、相手だけでなく自分にとっても**気持ちの良い結果**を生みます。

『**コスト×時間×複利**』を、『**やるべきこと×スピード×メンタル**』あるいは『**やりたいこと＋意**

欲』『作業＋付加価値』更には『体験＋人間力』という話に発展します。

また、現状を維持する為だけの8割の小さな業務をこなすことで満足するのではなく、**2割の将来の為**にやっておいた方が良い大きな決断に注力することで、なりたい会社、なりたい自分に近づけるのです。

通常、人間は現状維持が心地よく、変化に踏み出すのに躊躇しがちな生き物ですが、好奇心や向上心の強い人々が挑戦しては失敗を繰り返し、失敗から学び、人類の進歩を牽引して来た歴史もあります。その好奇心や向上心の強い方がこの本を手に取られているあなただと思います。

但し挑戦する前に考えておいて頂きたいことがあります。成功者の中には、成功しても幸せでないと感じる方もいると聞きます。自分が**何の為に成功するのか?**目的もなく手段である成功だけに突き進んでしまった結果だと思います。人間が生きている目的・ゴールは何か?それは**いかに自分自身が幸せな人生を送る**かだと思います。死の直前で後悔をしても遅いのです。

ご自身の人生を幸せにする良い考え、良い知識、良い習慣を早く習得し、それを複利の力で増幅することにより通常の正比例にプラスアルファの角度でうなぎ昇りに成長していくことになります。

今回I2理論を習得頂き、お金や時間などのリソースを有効活用することで、会社への業績貢献だけでなく、ご自身のより幸せで豊かな人生を築く手助けとなることを祈念しております。

「I-2理論」は、「儲かる会社にする」という目的に対して、様々な**枝葉の手段をつなぐ幹**にあたります。何故その手段をするのか?それらの手段がその目的を果たすことになるのか?という**考え**

方です。

枝葉である管理手法は、調べればいくらでも「どのようなものか」は出てきますが、意外と**「何故それを使うのか」「何故そうなのか？」**が書かれてないことが多いように感じます。どんな管理手法も**必要性がわからないと、運用として根付かず、**時代あるいはケースバイケースで使われなくなってしまうことから、数多くの手法を学ぶよりも、**普遍的な考え方の幹・軸**を習得する方が様々な状況に**臨機応変に応用**でき、**価値**があるのです。

この考え方を「儲かる会社にする」という目的だけでなく、**「人生を幸せに生きる」**という目的にも応用できることをお伝えしながら解説していきます。

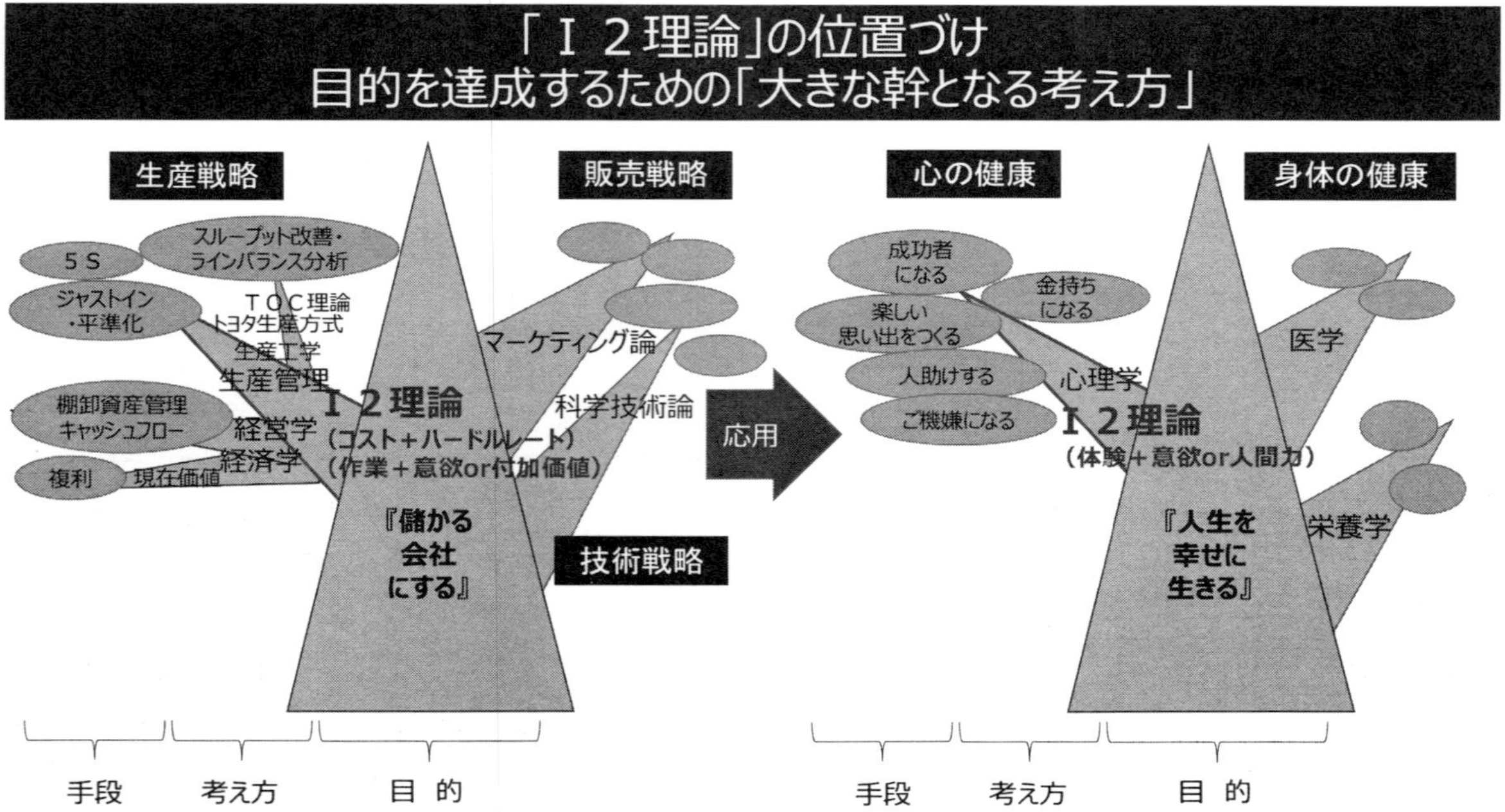
「Ｉ２理論」の位置づけ
目的を達成するための「大きな幹となる考え方」
生産戦略
販売戦略
技術戦略
５Ｓ
スループット改善・ラインバランス分析
ジャストイン・平準化
ＴＯＣ理論
トヨタ生産方式
生産工学
生産管理
棚卸資産管理
キャッシュフロー
経営学
経済学
複利
現在価値
マーケティング論
科学技術論
Ｉ２理論
（コスト＋ハードルレート）
（作業＋意欲or付加価値）
『儲かる会社にする』
応用
心の健康
身体の健康
成功者になる
金持ちになる
楽しい思い出をつくる
人助けする
ご機嫌になる
心理学
Ｉ２理論
（体験＋意欲or人間力）
『人生を幸せに生きる』
医学
栄養学
手段
考え方
目的
手段
考え方
目的

I2理論とはで、個別受注生産と記載しましたが、個別受注生産とは、いわゆるオーダーメイドのことです。お客様にとっては、自分だけの「この世に一つしかないもの」という特別感があります。製造側にとっては、ゼロから製品を作り始めるとなると時間と費用がかかることになります。そして製品が完成してからお客様から要望と違うので作り直しを要求されたら採算が取れなくなってしまいます。更に納期も間に合わなかったと言われて罰金を払わされることになったら、その仕事を受注しなかった方が良かったことになってしまいます。

そのため、製造側にとっては「標準化」**「パターン化」**が大切です。製造側は、お客様の要望に傾聴しながらも、自分達の既に持っている製品や機能の中から**同じようなモノ**があるかを考え、あらかじめ標準化された**パターン**を提供し、お客様に「こちらとこちら、どちらがご希望ですか?」と提案しながら最終的な仕様を合意していくことが、双方にとって満足のいく結果に繋がります。

人間関係においても、お互い似通った主張に対して、些細な違いを指摘し合うのではなく**「大体同じである」**と考えられれば人間関係が上手くいくでしょう。あきらかに異なる部分については、互いの主張を尊重し合いながら、独りでは考えられなかった新しいアイディアが創出されるという議論の醍醐味を楽しみましょう。

生命体は、**多様性を認め**合い、**変化に気づき**、**変化に応変**できたものだけが、**進化し生き残れる**ものなのです。

この本のタイトルが「理論」というネーミングになっていますのは、ゴールドラット博士が提唱した「ＴＯＣ理論（Theory of Constraints）（制約条件の理論）」にあやかりました。
ボトルネック工程が生産量を制約することは、生産管理としては当たり前の話ですが、生産管理以外の人々にも、わかりやすく解説をすることで世界的ブームとなり今でも耳にする有名な理論だからです。

Ｉ２理論は、単に棚卸資産管理×複利の新しい「手法」に留まらず、応用可能な「考え方」であるという意味でも「理論」と称しております。

遅くなりましたが、私の簡単な経歴を紹介させて頂きます。某大手メーカーに入社し、長らく工場の製造棚卸管理と工場長のサポート業務に携わり、現在は会社全体の設備投資管理にも携わっております。棚卸資産管理の考え方と設備投資でのハードルレートという考え方を融合すべきだとの着想から、このＩ２理論が誕生することになりました。Ｉ２理論は、私の人生の中で、**出逢うべくして出逢った理論であり、**この考えを世の中に広めるのが私に課せられた使命であると勝手に感じております。

こうして**この本を手に取って頂いた方とも、出逢うべくして出逢った**のだと感じております。この本を読んで頂き、あなたの業務が、会社が、人生が、今よりも良いものに変わるきっかけになれたら幸いです。

目次

第1章　棚卸資産管理での管理の考え方とは

第2章　設備投資管理でのお金の考え方とは

第3章 I2理論

第1章　棚卸資産管理での管理の考え方とは

▼1-1　棚卸資産管理とは▲

「棚卸」と聞くと、一般的には店内及び倉庫の棚に陳列されている**商品が帳簿通り**にあるかどうかを確認する作業を思い浮かべるかも知れません。そしてこの商品の個数に金額をかけ算したものを「棚卸資産」と呼びます。

また、この棚卸作業で、長らく**売れずに残っている商品**をどうにかして売り切る方法を考えることになります。中には消費期限が近い物もあり、商品は売上の源泉となりますが、**売れ残ると損失**に繋がる可能性があるものなのです。

1-1-1　製造棚卸資産とは製造途中のお金の塊

工場においては、出来上がった商品だけでなく、現場に置いてある製作途中の全てのモノが「製造棚卸資産」となります。原材料、途中の部材はもちろんのこと、設計者が図面を描くことに費やした時間、作業者が加工・組立に費やした時間、試験・検査員が検査に費やした時間も金額に換算して包含されます。すなわち、その**製品を製作する為**にかかった**お金の塊が**「**製造棚卸資産**」なのです。

本書では、主に個別受注生産（オーダーメイド）における棚卸資産に焦点を当てて説明します。オーダーメイドと聞くと、多くの人が紳士服を想像するかも知れませんが、ここでは例えばガンダムのような大型ロボット、大型モーターや発電機、特殊車両、人工衛星など、数年かけて製作される大規模な製品をイメージ頂ければと思います。

1-1-2 累積コストカーブで異常値を早期発見

1か月で完成するような製品のコスト・資金管理は、原価管理だけで十分ですが、数年に渡るプロジェクトや、大きな製品の場合は、「累積コストカーブ」の管理が必要です。何故なら、総額だけを見ていると、完成間近になるまで**異常なコスト増加に気づかず**、次のプロジェクトや製品への**適切な対応が遅れる**可能性があるからです。また、大きなお金が毎月動いておりその資金管理をする必要があるためです。病気の治療もそうですが、何事も**早期発見早期対応**が必要です。

この「累積コストカーブ」は、後述する工事進行基準を管理している企業であれば必ず何らかの方法で実施されていると思われます。しかしながら名称は確立していなく、「S字カーブ」、「注入カーブ」、「進捗率カーブ」、「面積原価カーブ」などと呼ばれているものです。これは、原価構成要素である直接材料費、加工費、直接経費などが時間の経過に伴ってどのように蓄積していくかを視覚的に表現した管理方法です。

累積コストとは、すなわち棚卸資産残高であり、製品が完成に向かって棚卸資産残高が増加していきます。

この「累積コストカーブ」は、計画に対して、実績・見込との比較により異常値を把握しますが、管理メッシュは細いに越したことはないですが、まずは人間系でできる範囲から管理を始めると良いです。

累積コストカーブとは

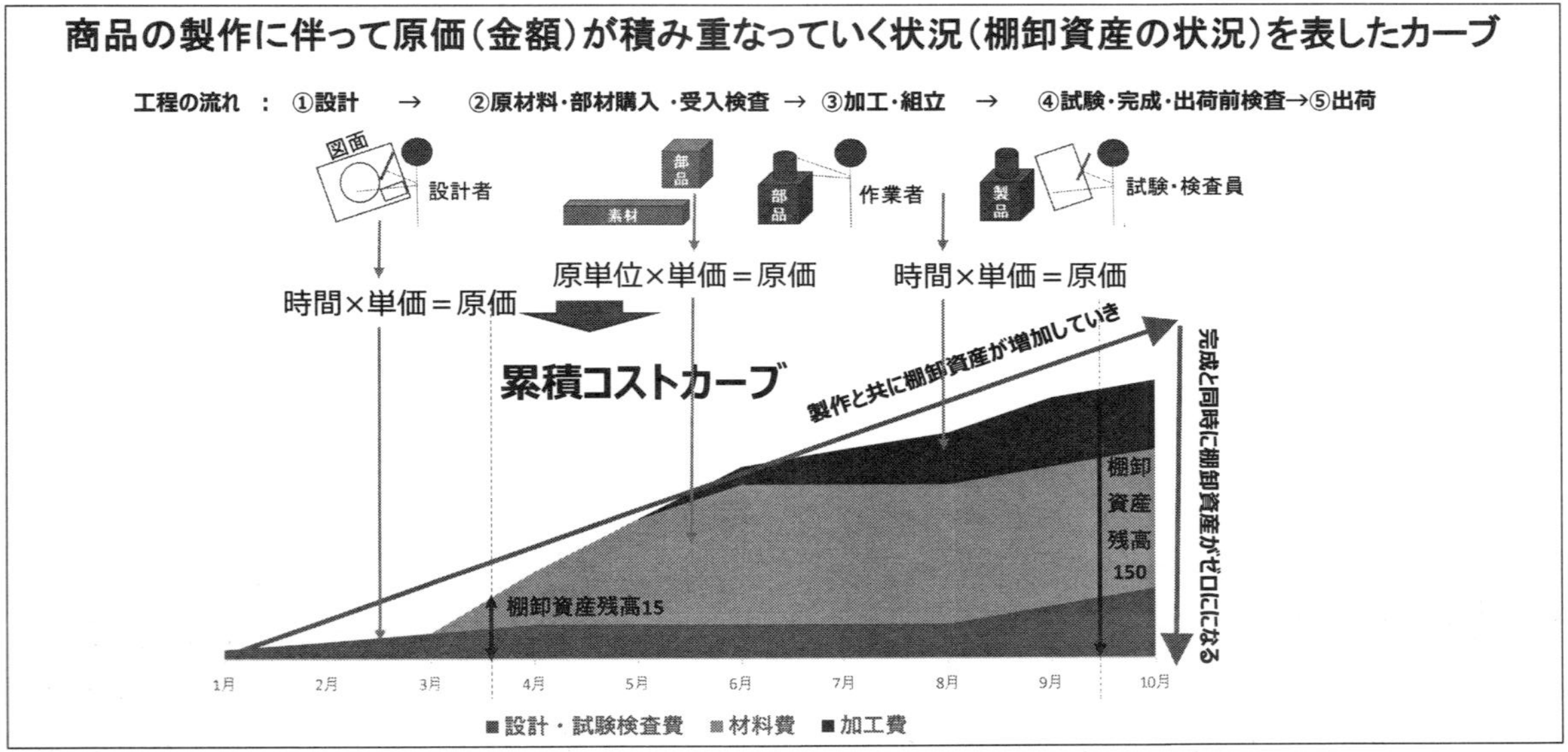

商品の製作に伴って原価（金額）が積み重なっていく状況（棚卸資産の状況）を表したカーブ
工程の流れ　：　①設計　→　②原材料・部材購入 ・受入検査 →　③加工・組立　→　④試験・完成・出荷前検査→⑤出荷
図面
設計者
部品
素材
作業者
製品
試験・検査員
時間×単価＝原価
原単位×単価＝原価
時間×単価＝原価
累積コストカーブ
製作と共に棚卸資産が増加していき
完成と同時に棚卸資産がゼロになる
棚卸資産残高15
棚卸資産残高150
1月
2月
3月
4月
5月
6月
7月
8月
9月
10月
■設計・試験検査費　■材料費　■加工費

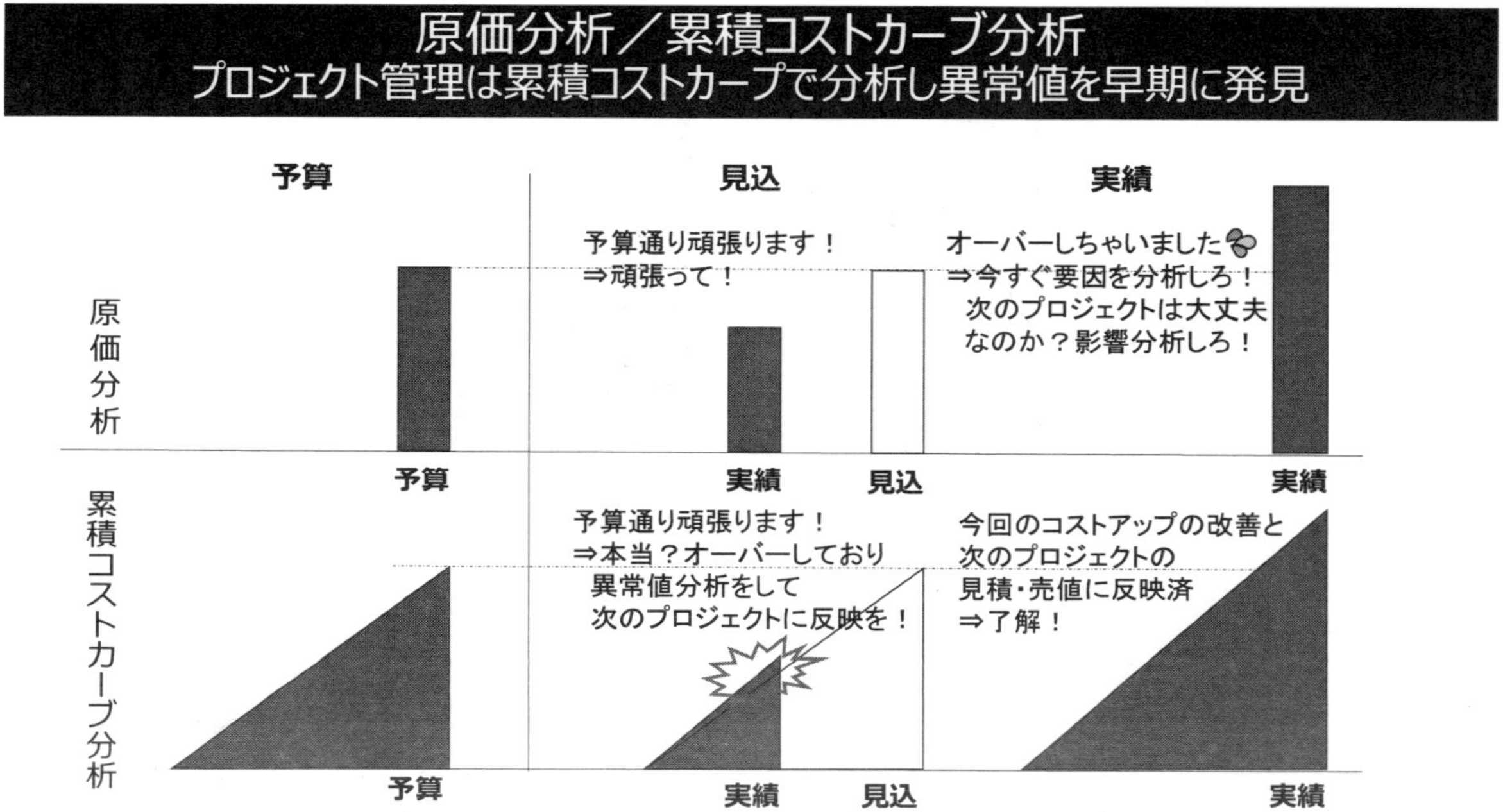
原価分析／累積コストカーブ分析
プロジェクト管理は累積コストカーブで分析し異常値を早期に発見
予算
見込
実績
原価分析
予算通り頑張ります！
⇒頑張って！
オーバーしちゃいました
⇒今すぐ要因を分析しろ！
次のプロジェクトは大丈夫なのか？影響分析しろ！
予算
実績
見込
実績
累積コストカーブ分析
予算通り頑張ります！
⇒本当？オーバーしており
異常値分析をして
次のプロジェクトに反映を！
今回のコストアップの改善と
次のプロジェクトの
見積・売値に反映済
⇒了解！
予算
実績
見込
実績

1-1-3 スピードを上げると儲かる（棚卸資産回転率はモノづくりの成績書）

ここで問題ですが、利益率が同じ製品を1年間に1つ作って売る場合と、2つ作って売る場合とで、どちらが儲かりますでしょうか？

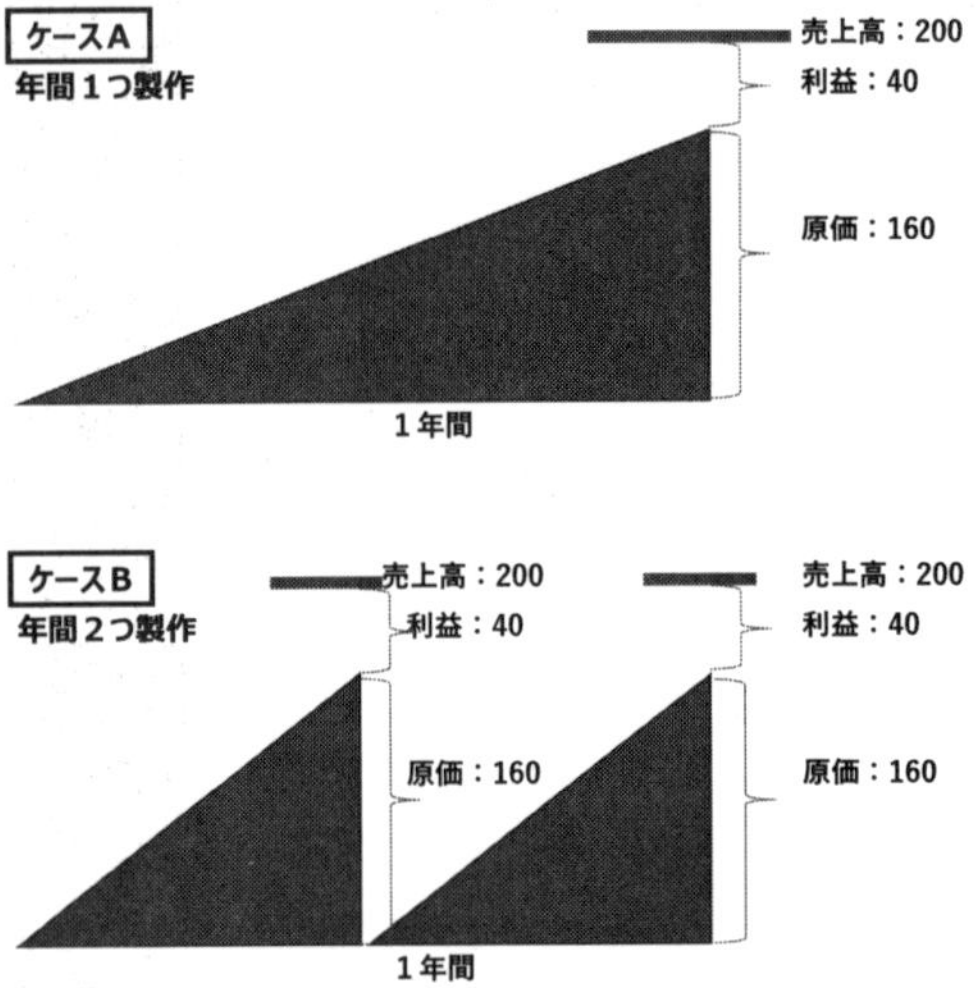

利益率は同じでも当然2つ売れた方が利益の額は倍になりますね。言い換えると、**2倍のスピードで作れれば、原価を安くしなくても儲かる**ということを意味しています。

2つ作るなら、別にスピードも上げなくても次のケースCのように、単に2つ作ればいいのでは？とイメージされた方もいらっしゃるかも知れません。

しかしながらモノづくりとしては、**リソース（人、設備、材料、スペースなど）**が無限にあるわけではないので、少なくとも**ボトルネック**となる工程が**輻輳**（重なり）しないように**ズラさないと製作できない**のです。この部分についてはスピードをアップして対応することになります。すなわち**スピードを上げることが儲かる**ということになります。

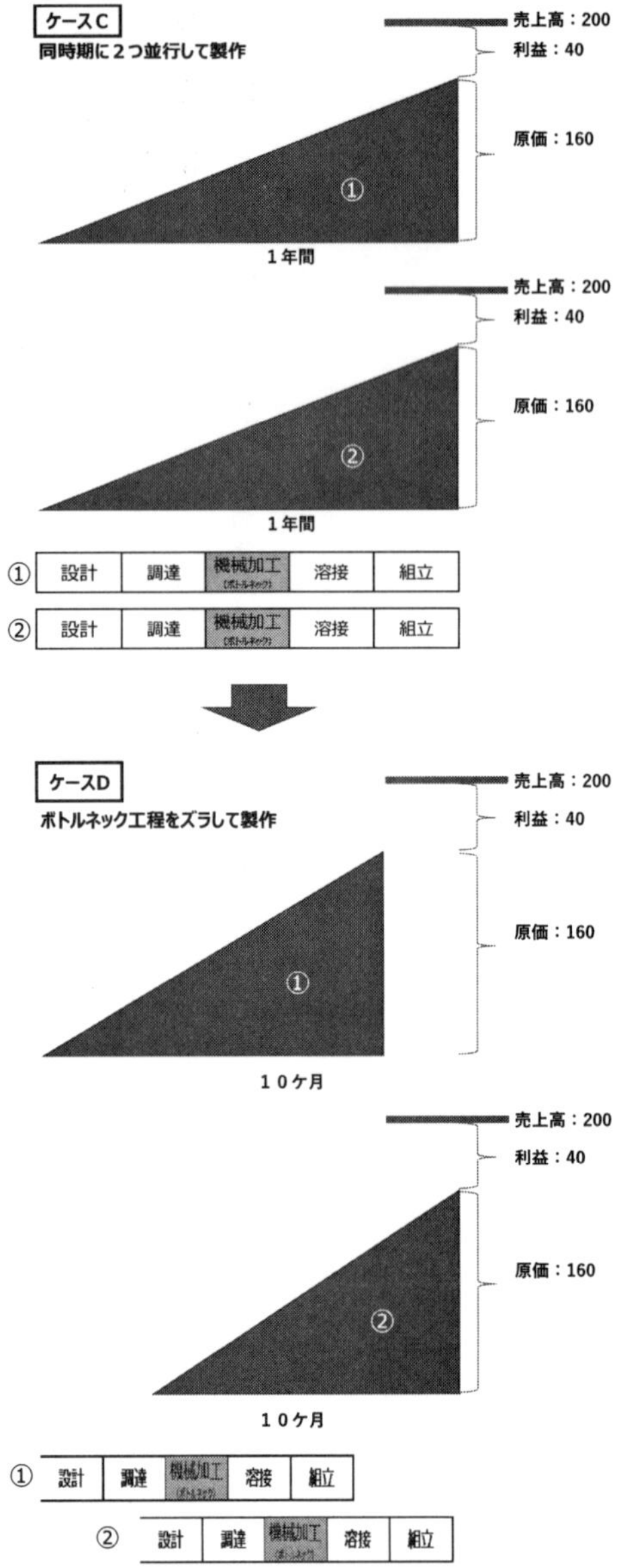

ケースC
同時期に２つ並行して製作
売上高：200
利益：40
原価：160
①
１年間
売上高：200
利益：40
原価：160
②
１年間
① 設計 調達 機械加工 溶接 組立
② 設計 調達 機械加工 溶接 組立
ケースD
ボトルネック工程をズラして製作
売上高：200
利益：40
原価：160
①
１０ケ月
売上高：200
利益：40
原価：160
②
１０ケ月
① 設計 調達 機械加工 溶接 組立
② 設計 調達 機械加工 溶接 組立

ここでいうスピードは棚卸資産回転率に現れてきます。

業種によって製作方法・工期が異なるため、同じような製品を製造している会社同士での比較が望ましいです。今回「自動車業界」と「重工・電機業界」での比較を行いましたので、参考にされて下さい。

回転率（倍）＝売上高／棚卸資産残高という数式となります。

（数値が大きいほど回転スピードが速く良い指標となります）

参考に営業利益率（％）を併記しております。やや回転率と相関があると言えるかと思いますがいかがでしょうか。
＊各社の2022年度実績の棚卸資産残高＋売上債権、売上高、営業利益を元に算出
＊重工・電機業界の回転率算出の棚卸資産残高は、棚卸資産残高＋売上債権（棚卸資産に工事進行基準売りの棚卸資産が含まれないため売上債権も合算し評価）

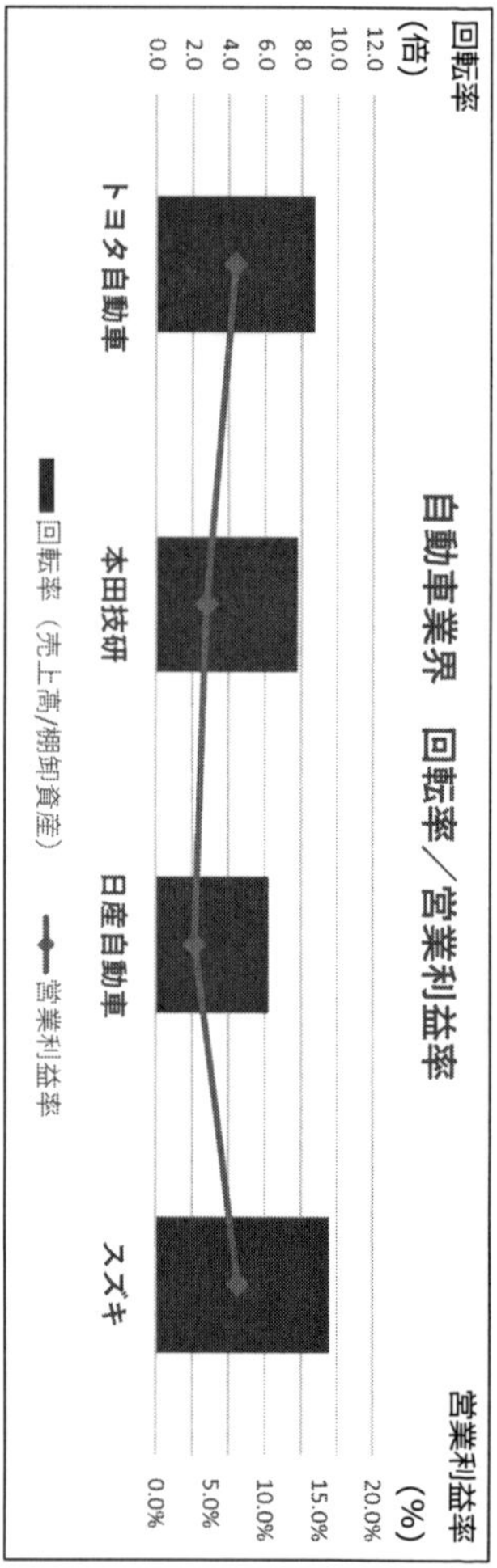

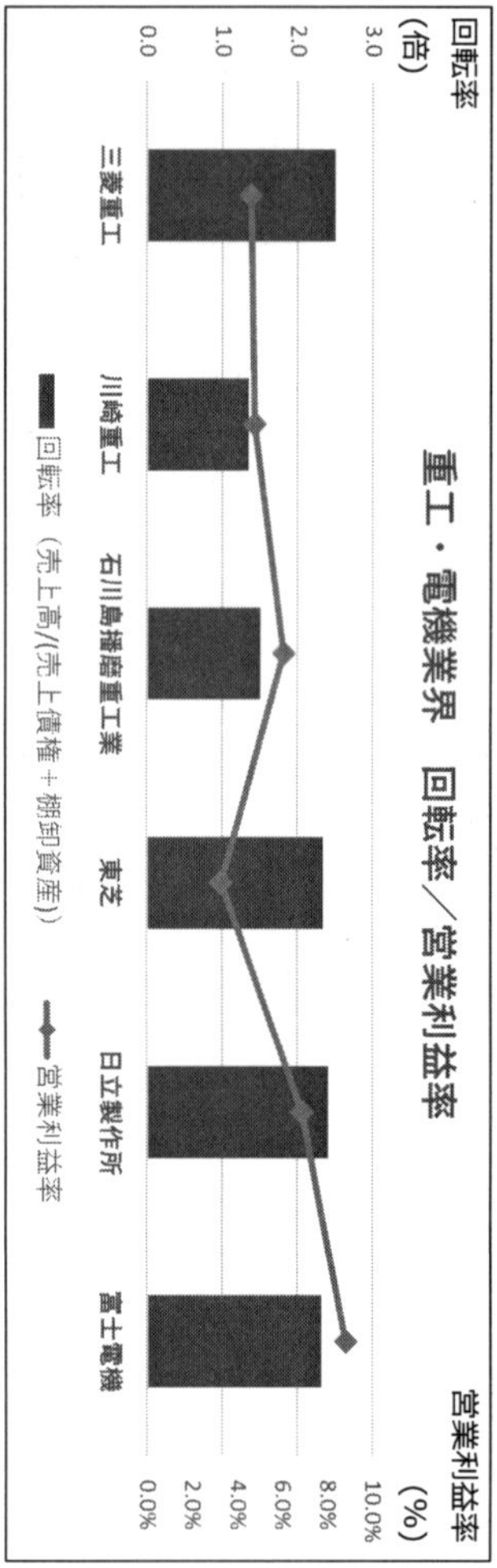

2022年度　各社決算データより

あなたの実感と合っていましたでしょうか？今後の金利上昇などに伴い、明暗が更に強く出てくるかも知れません。

1-1-4 国も税徴収の回転（回収）を良くしたいと考えている

ちなみに、製作する側だけでなく、国の税金を徴収する側も回転率を上げることを考えていると思われます。作らせるスピードまでは変えさせられないので、税金を徴収するタイミングを小刻みにすることによって税徴収の回転率を上げられた事例があります。

かつては、「完成基準」として、製品の工期が何年かかっても、最終的に製品が完成した時にまとめて税金を納めていましたが、２００９年度より国税庁にて、工事の進捗状況に応じて税金を支払う「工事進行基準」という制度を導入しました。（対象：工期1年以上かつ10億円規模の契約案件）

支払う税金の合計金額が同じであるならば、税金の負担は変わらないのではと思われる方もいらっしゃるかも知れませんが、金利及び現在価値を考慮すると先に支払う方が負担となることを後ほど第2章にて解説します。

この工事進行基準制度の導入は、かつては社内のコスト管理や棚卸管理に過ぎなかったものが社外に公開する売上・利益に直結する重要な指標の一部に格上げされた大きな出来事でもありました。

1-2　個別受注生産とは

　個別受注とは、オーダーメイドであることとは先に述べましたが、研究開発でない限り、**完全にゼロからのオーダーメイドで事業をしている会社はほとんどない**と思います。他の生産形態との違いや特徴に触れながらどのようにして作るのが一番効率的かを考えて行きたいと思います。

1-2-1　理想の生産形態は受注組立生産

　生産形態としては大きく「見込生産」と「受注生産」とがあります。「受注生産」は、更に「受注生産」「受注組立生産」「個別受注生産」の3つに分類されます。

　生産形態がいくつかに分かれてしまうのは、あらかじめ、「作るもの」と「作る量」が決まっているかどうかによって、作り方が変わってしまうためです。

　まず「見込生産」は、あらかじめ作るものも、作る量も決めた上で、市販の製品として、売れると見込んだ量を事前に生産し、消費者に製品を提供する方法です。繰り返し生産をするため、品質とコストが安定していますが、価格競争に巻き込まれやすく、売れ残ったモノは在庫処分となることがあります。

　一方「受注生産」は、あらかじめ作るモノは決まってはいるが、作る量が決まっていなく、カタログ品として、消費者に見本を提示し、受注後に生産を開始する方法です。これにより、在庫処分のリスクを回避しています。

そして「個別受注生産」は、あらかじめ作るものも作る量も決まっていなく、オーダーメイド品として、お客様と一緒になって仕様を決めて生産するやり方です。その都度設計し、その都度作ることから品質にも気を遣いながら、素材調達、製作加工もコストや時間がかかる形態となります。しかも初めて作るにもかかわらず金額と日限は契約で決っているため、金額がオーバーすることもあれば、納期が遅れると契約によっては罰金を支払うこともあり、契約時のコスト・納期の見積設定と、受注後のプロジェクト管理が重要となります。

最後に「受注組立生産」は、あらかじめ共通部材を標準化し作りだめをしておいて、受注が来たら組み上げて完成するという見込生産と受注生産のいいとこ取りをしたハイブリッドな形態です。受注組立生産が一番理想的な生産形態です。

個別受注生産では、商流やお客様との関係によりまちまちではありますが、お客様の要求を全てお客様に確認するやり方ではなく、できる限りお客様にカタログ方式で、この機能・部品を付けるとこうなり、いくらになりますと受注組立生産ができる提案型でお客様をリードしながら仕様を決定していくことが競争力を上げることになります。お客様の仕様に左右されないコア機能部品や、他の製品にも共通して使用できる部品を標準化しておき、品質・コスト・納期を確保していくことが、作り手だけでなく、結果的にイメージしたモノをお手頃な価格で取得できることからお客様満足にも繋がるのです。

一方、「見込生産」での在庫が売れ残るリスクを軽減するには、「トヨタ生産方式」のようなアプローチが理想的とされています。売れるスピードに合せて生産することにより、在庫を最小限に抑えることができます。

ちなみにトヨタ他自動車業界では、車の色、内装、オプションをお客様に指定して頂いてから、最終組立を開始するという受注組立生産が主流になってきています。

生産形態の種類と特徴

顧客の要求仕様反映度	大			小
	個別受注生産	**受注組立生産**	**受注生産**	**見込生産**
概要	客と仕様決め、個別に設計/生産	共通部品を作り貯め、受注後に組合せ生産	カタログを示し、受注があった分だけ生産	売れると思われる量をあらかじめ生産
作るものが予め決まっている	× 標準化→	△	○	○
売値をアップしやすい	○	○	△ ←追加オプション	×
品質を確保しやすい	×	△	△	○
コストが安い	× 標準化→	△ ←標準化	△ 大量販売→	○
納期が短い	× 納期確保→	△ ←納期確保	×	○
在庫が少ない	○	○	○ ←マーケティング	×
事例	オーダーメイド服	デザイン依頼Tシャツ	期間限定イベントTシャツ	市販のTシャツ

1-2-2 どうやったら間に合うかを考えるのが製造技術・生産管理の仕事

営業・技術・設計にてお客様との仕様が決定した後に、その製品をどうやって納期通りに作り切るかを考えるのが製造技術と生産管理の大きな役割となります。

個別受注生産の受注契約の場合、**納期厳守**が求められ、納期に遅れた場合には**罰金**が課せられることもあります。そのため、納期を守る為に手抜き工事や品質の不正が誘発されやすい環境にあります。

企業不祥事を起こさせない為にも、**いかに納期通りにできるかの生産計画（工程計画）が重要**となります。例えば自前の設備の能力では、他の案件と輻輳してしまう場合などは外注に切替える、昼だけの勤務だったのを昼夜の2交替勤務に切替えて対応する、シリーズで製作予定だったモノを部品ごとに分けてパラで製作するなど、納期をバックワードから逆算して、いかに納期を守れるかという対策を前もって計画し、実際の部材の納入状況などトラブルに応じて工程の組み換えを日々実施するというのも個別受注生産の特徴だとも言えます。鉄道会社にて電車が止まった時に、どうやって乗客の被害を最小限にすべく電車の**運行ダイヤを調整する運転整理**に似ているのかも知れません。

こうした職種の方々は、**できない理由を考えている暇はなく**、やることありきで、**どうやったらできるのかを考える**習慣が自ずと習得できているのかも知れません。

見込生産の場合は、納期（提供）が間に合わないほど人気ですと、街中の人気商品など、敢えて人を並ばせるやり方もありますが、人気のピークが過ぎた後は、並ぶのをあきらめる客もいるので回転率も上げられるようにしておくことも損はないかと思います。

また、個別受注生産において、特に**初めてや、久しぶりに製作する案件**は、**受注する前の生産前準備が重要**となります。その製品を作る為の設備、資格者が社内にあるかどうか？自分達だけではできない場合に協力して製作できる取引先があるかどうか？品質をどうやって検証・担保できるのかどうか？など、受注する前に社内の有識者が参画して、受注して良いのかをよく検討する必要があります。

余談ですがコスト管理としては、製品のコストだけに注目していると、意外と新工法での治具や輸送費の見積や工程を見落としがちであり、入札の見積金額や納期に反映しているかどうかを確認する必要があります。検討不足の項目があると、受注時には余裕だと思っていたコスト・納期が簡単にギリギリとなってしまいます。納期がギリギリとなった場合に、間に合せるべく外注業者に対して特急料金を払って対応することでもコストがオーバーしてしまいロス（利益がマイナス）案件となってしまいます。

1-2-3 余裕の持ち方で生産管理のセンスが分かる

納期を守る為にそんな大変な思いをするなら、あらかじめ余裕を持った日限で回答すべきでは？となりますが・・・どれだけ余裕を持てば良いでしょうか？

例えば、出張先の現地の駅での待ち合せで、相手から何時に到着予定かと聞かれて、路線検索をしたら50分後に到着予定であると検索結果がでた時に、あなたなら相手に何分後に会いましょうと回答されますでしょうか？　①正直に50分後、②ちょっとサバを読んで1時間後、③かなりサバを読んで1時間半後

私の経験から言えば、大体の方が①正直に50分後と答える人が多いです。しかしながら電車は少し遅れることもあり、待ち合せ時間を過ぎると本人も相手もイライラが生じてしまうことがあります。

ですので、②**ちょっとサバを読**んだ1時間後に到着しますと答えることを**オススメ**します。途中の電車の遅れの時間を吸収したり、予定通りに到着してもトイレに寄ったりする時間を確保して、相手を待たせることもなく、互いに気持ちが良いと思います。バカ正直が最良の答えではないことがあり得るのです。

たまに③1時間半と答える人がいて、このケースが最悪です。どこを寄り道するのでしょうか？寄り道をして時間を潰して頂ければ良いのですが、30分早く到着したからと、勝手に先に用事を済ませてしまい、時間通りに到着した私はその場所に行くことができず唖然とさせられることになります。

またよく、お偉いさんが急に30分も早く到着されてしまい、慌てて関係部署を呼び寄せることになった経験はあなたもあるかも知れません。

過剰な余裕は本人としては安心で快適かも知れないですが、**相手には迷惑**をかけることがあり、**適度な余裕**を持つことが重要です。

但し、あらかじめ待ち合せ時間が決まっていて、**相手を待たせてはならない場面**では**30分の余裕**を持って出発するケースは多いに**有効**です。

生産計画においても同じことが言えます。ある製品を経営者は今までの改善の成果で年に2台作れそうであれば2台作って欲しいと考えます。一方、現場からは、2台作ることで自分達だけが忙しくなって、経営者だけが得をするだけだという声も聴いたりします。

しかしながら、結果的に頑張ってその現場が2台作ったと自慢げに言って来ても、その後工程の検査や販売体制ができていなければ売上に繋がらず、置く場所がないと外部倉庫に運搬し保管費もかかり、棚卸資産として抱えるだけになってしまいます。どうせやるなら**有言実行でないとありがたみが半減**してしまうものです。

また、会社のボーナスは、成果報酬制度に基づき公正に支給していると会社側は説明をしますが、実態は個人の頑張りよりも会社全体の利益からボーナスに分配できる原資次第なのです。昨年と同じ1台しか売上ができなかった場合、個人がいくら頑張ったからと言ってもボーナスを増やすことはできないのです。

自分のペースで煽られずにゆったりと仕事ができることは、それは幸せなことかも知れませんが、他の人にとってはボーナスを増やすチャンスを逃すことになり、会社にとっても成長のチャンスを逃してしまったのかも知れません。

更に、このことは生産計画だけでなく、在庫計画にも当てはまります。余分に多く早く購入しておけば安心感が得られますが、余分に購入した物が最終的に使われずに廃棄することとなった場合は、会社の利益が減少することになります。

ちなみに、もし数十以上ある全ての工程で過剰な日程と在庫の余裕（バッファ）を保有してしまったとしたらどうなりますでしょうか？

とてつもなく間延びした工程となり納期に対する競争力が落ち、在庫を抱えるため資金力が低下してしまいます。一般的には、フル稼働させるべき**ボトルネック工程の前と、最終組立の前に、工程の余裕及び在庫を持ち**、それ以外の工程では工程の余裕と在庫を持たないようにすることが望ましいです。また、**勤務シフトも通常の勤務だけで計画**し、週休2日の会社であれば土日も作業しない計画とし、**トラブルがあった場合**にのみ、**シフト変更、土日の臨時対応**ができるようにしておくと良いです。

ついでに、受注しようとしている引合い案件への見積回答時での余裕の持ち方について記載します。競合相手と競合と機能・性能・納期の回答レベルはまったく同じで、あとは価格勝負での引合い見積である状況下でいくらの金額で回答されますでしょうか？

①コストそのままで回答　②コストにリスクを積んで回答　③利益を大幅に積んで回答

①のコストのままですと受注できる可能性が高いですが、トラブルが生じた場合に赤字案件となってしまいます。

②のコストにリスクを鑑みて回答されたならば、そのリスクが生じなければ利益を確保でき妥当な見積だと思われます。

③利益を大幅に積んだ場合は、おそらく失注となってしまうでしょう。その場合操業が充足していない場合は操業のロスや、その市場への参入が初めての場合は製造実績を作ることができないという機会ロスも生じてしまいます。

＊競合ではなく独占的市場であればもちろん利益を積んで良いです。お客様の価値に見合うかどうか次第です。

＊入札時に2番手の会社とさほど金額が僅差で勝てるのが最も利益が得られる回答金額であるため、自社だけでなく競合相手の動向も踏まえた回答金額の設定が必要です。

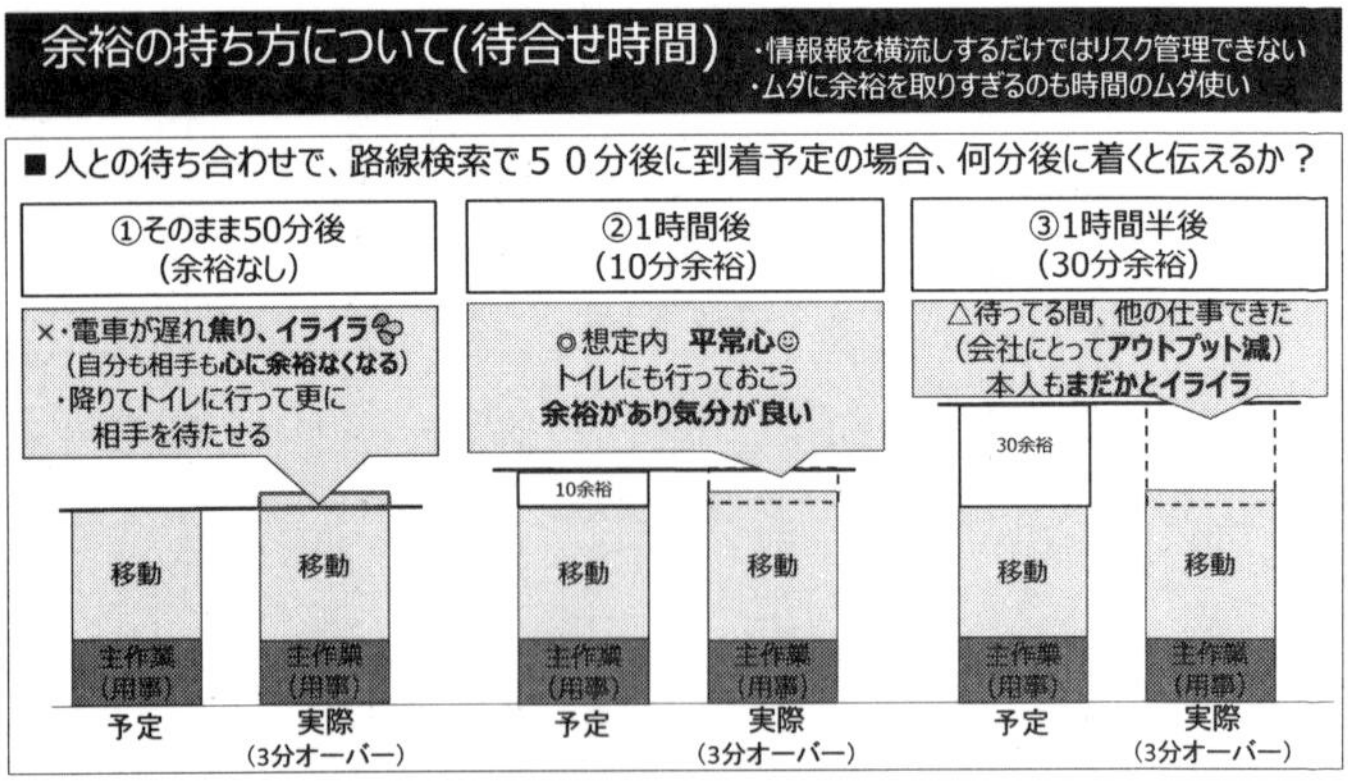
余裕の持ち方について(待合せ時間)
・情報報を横流しするだけではリスク管理できない
・ムダに余裕を取りすぎるのも時間のムダ使い
■人との待ち合わせで、路線検索で５０分後に到着予定の場合、何分後に着くと伝えるか？
①そのまま50分後
（余裕なし）
②1時間後
（10分余裕）
③1時間半後
（30分余裕）
×・電車が遅れ焦り、イライラ
（自分も相手も心に余裕なくなる）
・降りてトイレに行って更に
相手を待たせる
◎想定内 平常心☺
トイレにも行っておこう
余裕があり気分が良い
△待ってる間、他の仕事できた
（会社にとってアウトプット減）
本人もまだかとイライラ
10余裕
30余裕
移動
主作業
（用事）
予定
実際
（3分オーバー）

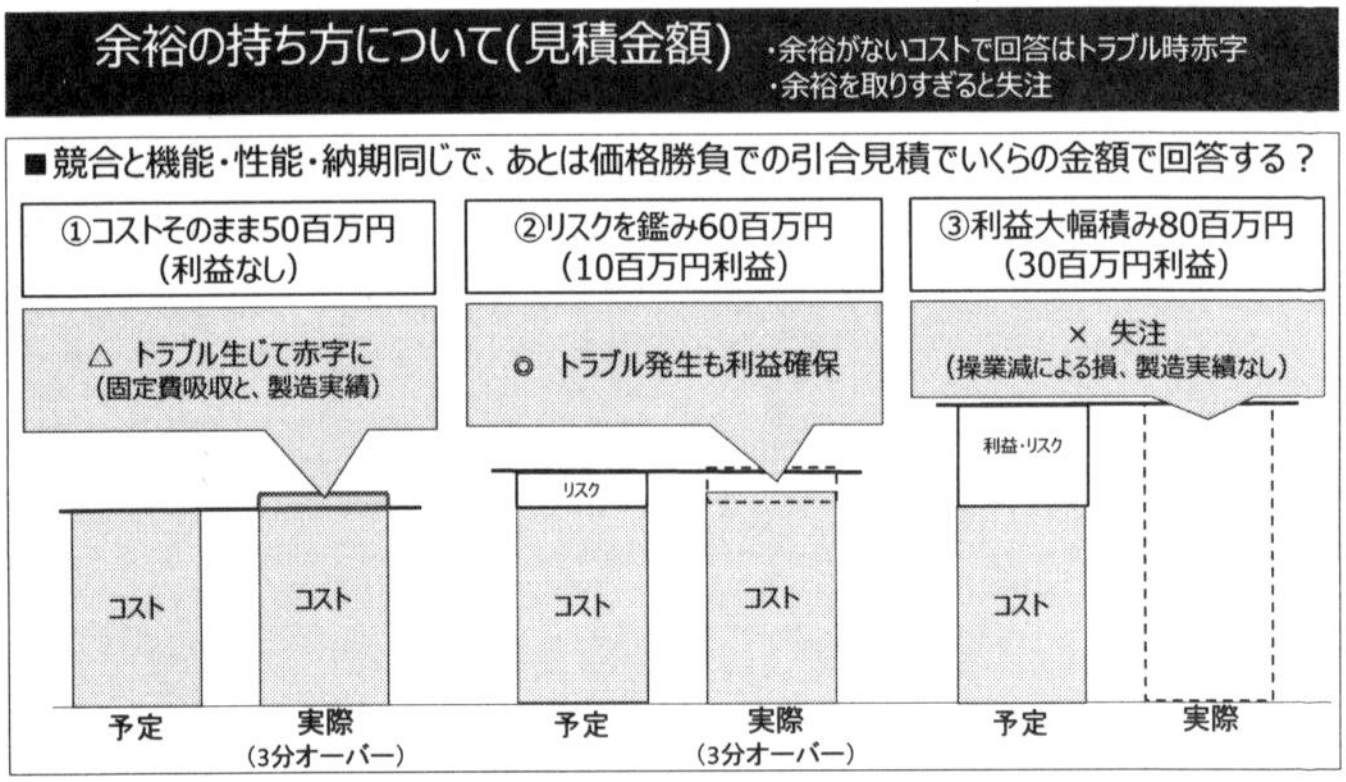
余裕の持ち方について(見積金額)
・余裕がないコストで回答はトラブル時赤字
・余裕を取りすぎると失注
■競合と機能・性能・納期同じで、あとは価格勝負での引合見積でいくらの金額で回答する？
①コストそのまま50百万円
（利益なし）
②リスクを鑑み60百万円
（10百万円利益）
③利益大幅積み80百万円
（30百万円利益）
△ トラブル生じて赤字に
（固定費吸収と、製造実績）
◎ トラブル発生も利益確保
× 失注
（操業減による損、製造実績なし）
リスク
利益・リスク
コスト
予定
実際
（3分オーバー）

もう一つおまけに、卑近な車の運転での余裕の持ち方について記載します。

車を時速50km／hで走行していて、横断歩道の前でスピードを落とし、通過する時間はどれぐらいでしょうか？

①0・5秒　②1秒　③5秒

①0・5秒の場合は、約時速30km／hで通過しており、見えている視野が狭く、気持ちに余裕がないため、横断歩道を渡ろうとしている人に気づかない、又は通過する直前に気づいても止まれず通過してしまっている可能性があると思います。もし横断歩道を渡っている人が車が止まってくれるだろうとそのまま横断していた場合、人身事故になる可能性があると思われます。

②1秒の場合は、横断歩道の前で約時速15km／hで通過しており、もし横断歩道を渡っている人を見かけたならば横断歩道の6m前で気づいてブレーキをすれば人身事故を起こすことはないと思われ妥当なスピードだと思われます。

③5秒の場合は、横断歩道の前で急ブレーキをかけて停止し、踏切を渡るかのようにあたりを見ながら通過する状況で、おそらく後続車の人はイライラしているかも知れません。もしかしたら急ブレーキにより追突されてしまう可能性もあるかも知れません。

というように、ほど良い余裕を持つのがベストであることがお分かり頂けましたでしょうか？

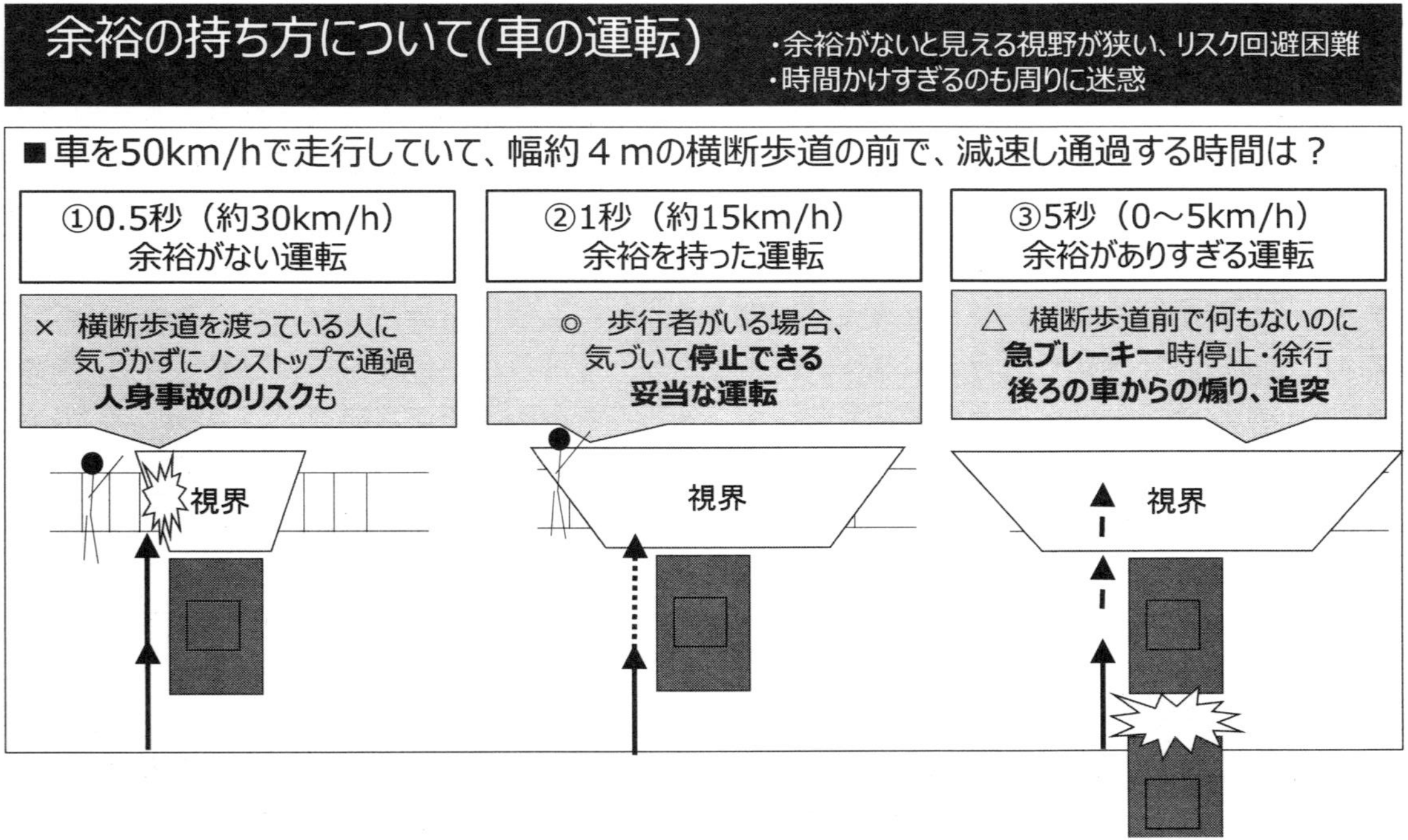
余裕の持ち方について(車の運転)
・余裕がないと見える視野が狭い、リスク回避困難
・時間かけすぎるのも周りに迷惑
■車を50km/hで走行していて、幅約４mの横断歩道の前で、減速し通過する時間は？
①0.5秒（約30km/h）
余裕がない運転
× 横断歩道を渡っている人に
気づかずにノンストップで通過
人身事故のリスクも
視界
②1秒（約15km/h）
余裕を持った運転
◎ 歩行者がいる場合、
気づいて停止できる
妥当な運転
視界
③5秒（0～5km/h）
余裕がありすぎる運転
△ 横断歩道前で何もないのに
急ブレーキー時停止・徐行
後ろの車からの煽り、追突
視界

1－3　個別受注生産の棚卸資産管理方法とは

見込生産の場合、製品の種類はあらかじめ決まっており、金額と原価注入の時期、すなわち累積コストカーブのパターンが決まっているため、比較的製造の予算や見込を立てやすいです。一方、個別受注生産の場合は、同じ製品であることが少なく、金額も時期も変動するため、予算や見込の策定が困難であると考えます。ですが、全てが異なる案件であると考え、一つ一つの案件を精緻に予算や見込の策定を実施するには、何人人がいても足りず**管理コストがかかり過ぎて競争力が落ちてしまいます**。そのため、**パターン化**が必要となります。

1－3－1　大きなうねり・ゆらぎ・不動の3つのウエーブ管理

棚卸資産とはお金の塊であり、時系列には累積コストカーブで表せると説明しました。複数の案件の累積コストカーブが積み重なりあった合計値が、機種、部門、工場、会社の棚卸資産となります。

会社又は部門の棚卸資産の予算、月次見込を策定するにあたって、全案件の累積コストカーブを策定するとなると、案件数×製造リードタイムの月数分の管理が必要となります。仮にある部門での50案件を策定するとなると、平均リードタイムが12ヶ月であるならば600個のデータが必要となり、更に材料費・加工費・直接経費の区分でのメッシュで管理するならばその3倍の1800個のデータ、更に主要部品ごとのメッシュで管理するならば、仮に平均5個あるとしたら、その5倍の9000個のデータを毎月策定する必要があり、非常に時間がかかる作業となります。次の3つの分類での管理をすれば効率的にかつ効果的に管理ができます。その3つとは①**大きなうねりの「主要案件」**、②**小さなゆらぎの「中小案件」**、③**不動の「不動案件」**です。主要案件と不動案件は案件別の管理が必要となりますが、中小案件は機種まとめての管理で良いです。

①**「主要案件」（大きなうねり）**は、税務上進捗率管理が必要な**工事進行基準案件**に加え、金額が大きい案件数件を加えた管理可能な20件程度の案件です。全体の売上原価の8割をカバーできれば理想ですが、まずは適切に動向を管理できる案件数に絞って運用することで良いです。**主要案件の棚卸資産の動向が変動**する場合、それは部門の**損益やキャッシュフローにも大きな影響**を及ぼしていることを示唆します。特に悪化の兆候がある場合、**次期の案件**も同じ要因で悪化しないよう、**早急に対策**を講じる必要があります。

主要案件の累積コストの実績値については、原価計算のシステムがあれば比較的容易に取得できると考えますが、予算や見込については取得ではなく策定が必要となります。詳細は後述しますが、過去の類似モデルでの実績カーブから**標準パターン**を作成し、それに案件の金額を掛け合せ策定します。予算にはそのまま適用し、見込には**大物購入品の検収予定**を基に修正して策定することが望ましいです。

③**「不動案件」（不動）**は、客先のファイナンスの都合などによる中断案件や、市場の急激な変

化で戦略的に在庫化した部材などが今後払出しの見通しが立たなくなってしまった案件を指します。これらは**公認会計士に**対して、**いくら、いつまで不動**かを理由を添えて報告しているので、そのデータを流用します。

②**「中小案件」(ゆらぎ)**は、主要でも不動でもない**その他の案件**です。件数は多いが、金額は比較的大きくないため、その機種の平均回転率を生産高に掛け合せて算出することで管理が可能です。

経理部門にて棚卸資産を管理している会社では、おそらく会社全体又は部門全体の売上高と過去の平均回転率から棚卸資産の予算や見込を策定されているかも知れませんが、国税庁や公認会計士へ提出されている案件ごとのデータを組合せて使用することで、より高い精度で効果的に管理ができます。

また、棚卸資産を管理するには、機種ごとなど同じようなモノを括った管理単位が望ましいです。何故なら、異なる回転率の機種を組合せると、値が大きく振れたり、逆に相殺されて変化に気づかず判断を誤る可能性があるからです。

また**トレンドデータとして管理**する為に、部門別ではなく、**組織変更の影響を受けない機種ごと**に管理することをオススメします。

まとめますと、機種ごとの**大きな変動をもたらす案件さえ管理**できていれば、おおよそ管理ができている状態になります。その他中小案件はグロス管理で充分であり、不動案件は固定データでほぼ無管理で問題ありません。

この考えは棚卸資産管理に限らず、あらゆる管理にも適用できると考えます。

売上計画の場合、主要お客様の変動に大きく左右される一方で、定期的な中小のお客様又はメンテナンスの売上は通常の規模で計画することで良いと考えます。

利益計画とキャッシュフローにおいても、大きな変動をする案件の損益・コストをしっかり管理し、固定費などは特殊要因がなければ固定で計画することで充分です。**大きく変動するリスクがある案件のみを管理し**、他の案件は**通常の規模で推移**しているかどうかの**異常値管理**をすることで効率的な管理が可能になります。

製造棚卸資産管理（機種別（部門別・工場合計））

①主要案件（大きなうねり）、②中小案件（小さなゆらぎ）、③不動案件（不変）
の３つで管理をすると効率的である

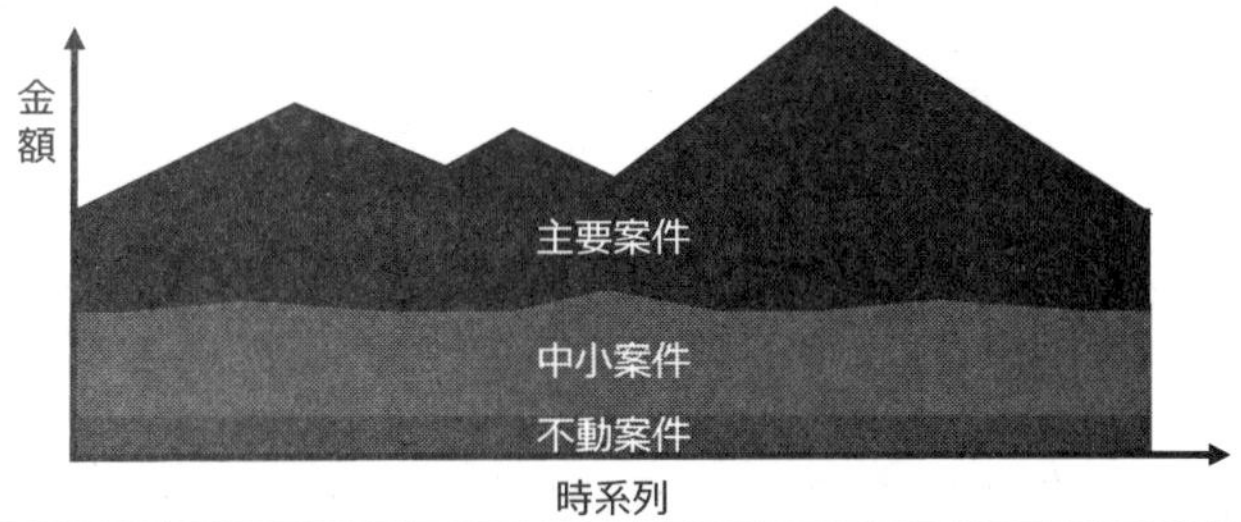

			4月	5月	6月	7月	8月	9月	10月	11月	12月	1月	2月	3月
①	工事進行基準案件	a案件	30	50	80	100	200	300	350	380	450	480	0	
①	工事進行基準案件	b案件		5	10	20	30	40	50	200	400	600	620	650
①	工事進行基準案件	c案件					30	50	150	200	300	0		
①	完成基準案件	d案件	50	80	90	120	150	200	250	0				
①	完成基準案件	e案件	10	15	20	200	210	220	230	240	0			
②	中小案件	f案件												
②	中小案件	g案件												
②	中小案件	h案件		f～n案件の生産高（売上高）÷回転率（1000÷2.5＝400）										
②	中小案件	i案件												
②	中小案件	j案件	400	400	400	400	400	400	400	400	400	400	400	400
②	中小案件	k案件												
②	中小案件	l案件												
②	中小案件	m案件												
②	中小案件	n案件												
③	中断案件	o案件	50	50	50	50	50	50	50	50	50	50	50	50
③	中断案件	p案件	30	30	30	30	30	30	30	30	30	30	30	30
③	戦略在庫	q案件	10	10	10	10	10	10	10	10	10	10	10	10
	棚卸資産残高		580	640	690	930	1110	1300	1520	1510	1640	1570	1110	1140

	平均生産高	平均棚卸残高	回転率
過去3年平均のＡ機種中小案件の棚卸回転率	100	40	2.5

▼1-4 効率的な棚卸資産管理とは▲

個別受注に限らず一般的な棚卸管理において効率的な管理方法がいくつかありますので、紹介とともに何故そうするのか考えを解説して参ります。

1-4-1 ～8：2の法則 ～ パレート分析、ABC分析 作業分析（正味作業）～

8：2の法則は、いまでこそ有名な法則で、いろんなシーンでも聞かれたことがあるかも知れません。例えば上位**2割**のパレートにある重要お客様の売上額だけで、売上全体の**8割を占めるとか**、どんなに優秀な人財を集めても一生懸命に働くのは2割だけになってしまうとか。

私も25年前に、工場システム変革チームでコスト管理のリーダーを務めさせて頂いた時に、まずは現状把握をしようと工場の主力製品について、それぞれ何万点もあるコストデータから8割のコストをカバーする部品点数比率がどれぐらいかを調べたところ、どの製品も見事に約2割でした。

それからは、どのような改善や管理についても8割をカバーする2割の件数をやれば良いという考えが根付きました。後述する設備投資管理についても、全拠点の投資案件の約2割の件数を押さえれば8割をカバーできることから、その8割をカバーできる金額基準を設け管理統制をしてきました。**2割の力でおよそ全体をガバナンスできる**というものです。

一般的にはこの8：2の法則が有名ですが、**在庫管理ではABC分析**という在庫界では有名な分析管理方法もあります。こちらもパレートのデータを基に、**上位7、8割の金額をカバー**する件数比で2割弱程度の物を**Aランク、次の金額1割強**ぐらいをカバーする件数比で2割強程度の物を**Bランク、最後の下位1割弱**ぐらいの金額をカバーする件数比で6割程度の集まりを**Cランク**と分類しているものです。

　スーパーの仕入れでの在庫管理で言いますと、**Aランク**は**売れ筋商品**なので**絶対に在庫を切らさない**よう**重点的に管理、Bランク**は在庫が切れないよう**それなりに管理、Cランク**は仮に在庫が切れてしまってもいいので手間をかけずに**管理**という分類になります。

　このパレード分析による8：2の法則、ＡＢＣ分析を用いて、**重要課題を少ない労力でスピーディーに解決**していくことにより、労働時間を削減しながらも事業貢献するワークスタイルイノベーションになります。

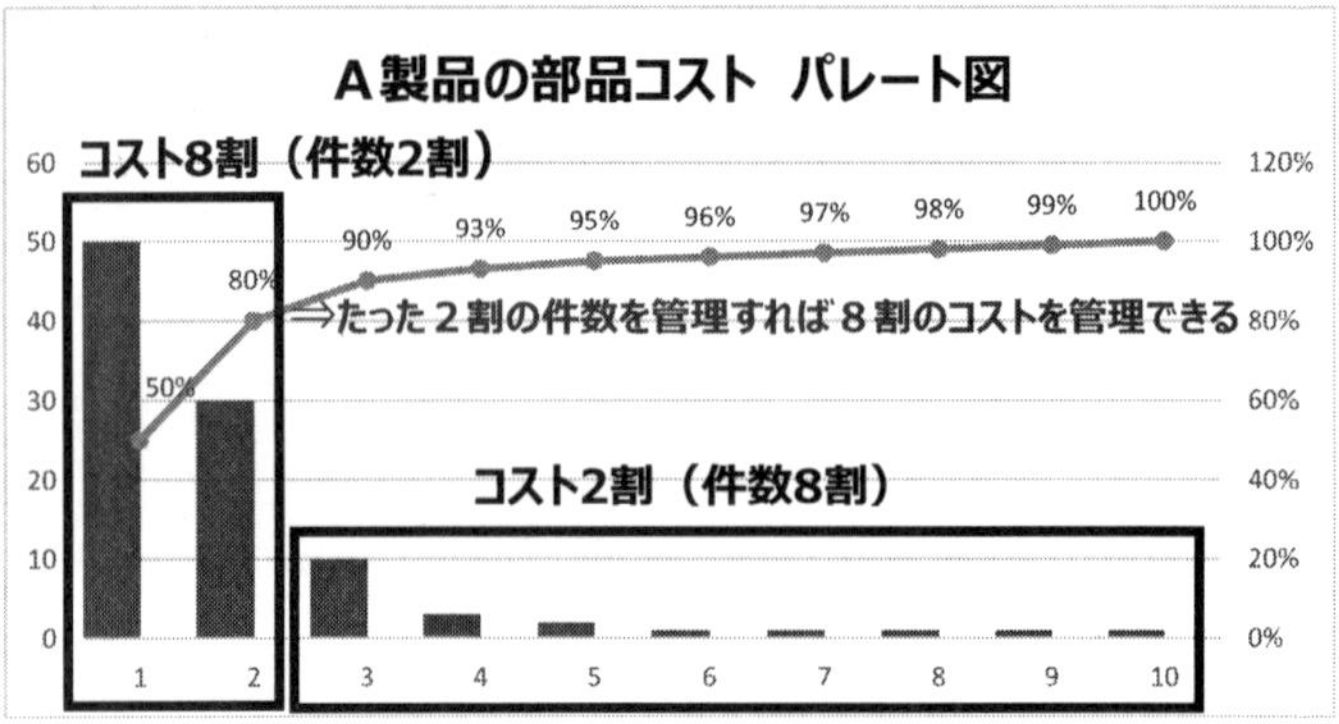
A製品の部品コスト パレート図
コスト8割（件数2割）
⇒たった２割の件数を管理すれば８割のコストを管理できる
コスト2割（件数8割）
50%
80%
90%
93%
95%
96%
97%
98%
99%
100%
0
10
20
30
40
50
60
0%
20%
40%
60%
80%
100%
120%
1
2
3
4
5
6
7
8
9
10

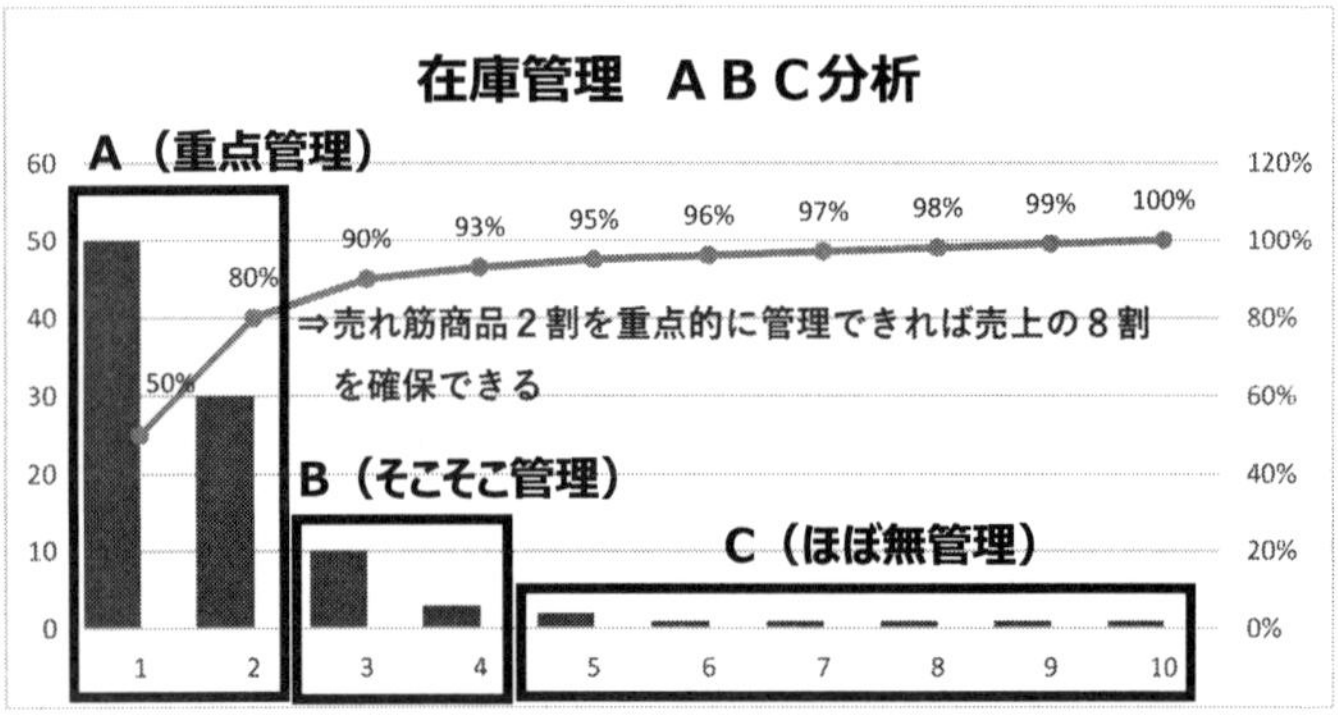
在庫管理 ＡＢＣ分析
A（重点管理）
⇒売れ筋商品２割を重点的に管理できれば売上の８割を確保できる
B（そこそこ管理）
C（ほぼ無管理）
50%
80%
90%
93%
95%
96%
97%
98%
99%
100%
0
10
20
30
40
50
60
0%
20%
40%
60%
80%
100%
120%
1
2
3
4
5
6
7
8
9
10

1-4-2　実は日本の生産性は低い　～OECD加盟国の労働生産性調査結果～

実は、OECD加盟国38か国の中で、**日本の労働生産性**（1時間当たりの労働付加価値生産性）**は30位と低い国にランキング**しております。2022年だけでなくここ数年も20位近辺と低いランキングでした。

2022年の実績値は、1時間52・3ドル（約7000円）であり、上位にランクインするには倍の生産性を上げて100ドル（約14000円）にならなければなりません。

他の諸国に比べて日本だけが30年間物価がほとんど上っていないからという要因もあるかも知れませんが、いろいろと特殊要因を加味してもきりがないので、シンプルに働いた分がどれだけ売上に繋がっているのかを考えるきっかけとしては良いかも知れません。

私達の日々の**1時間の労働が、1万円以上の付加価値に見合う仕事をしているでしょうか？**まだ重要な2割の仕事に注力できていないのかも知れません。**大事な2割の仕事を後回し**にして、どうでも良い**簡単な8割の作業をこなして仕事をしたつもり**になっていないでしょうか？

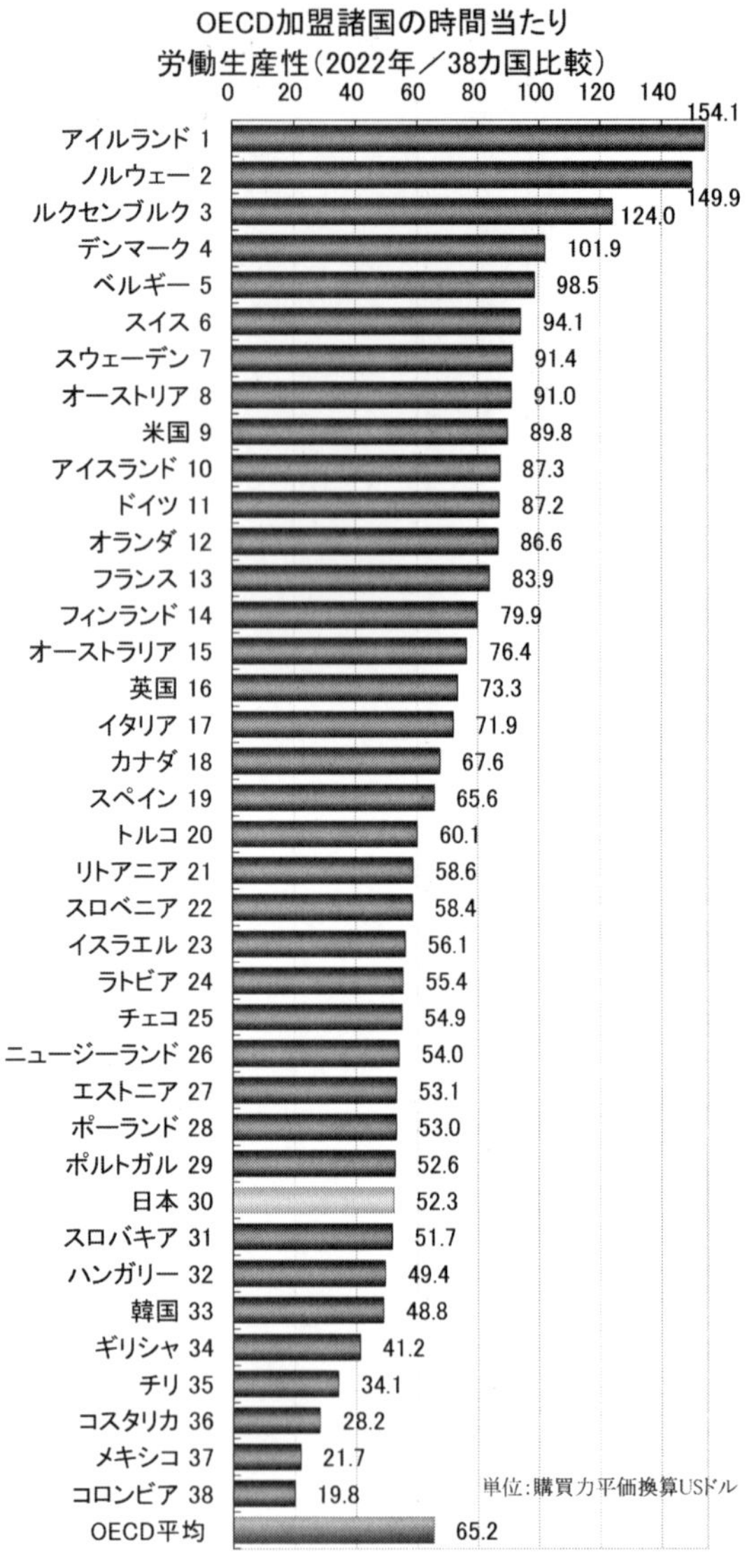

出典：公益財団法人　日本生産性本部　労働生産性の国際比較2023

主要先進7カ国の時間当たり労働生産性の順位の変遷

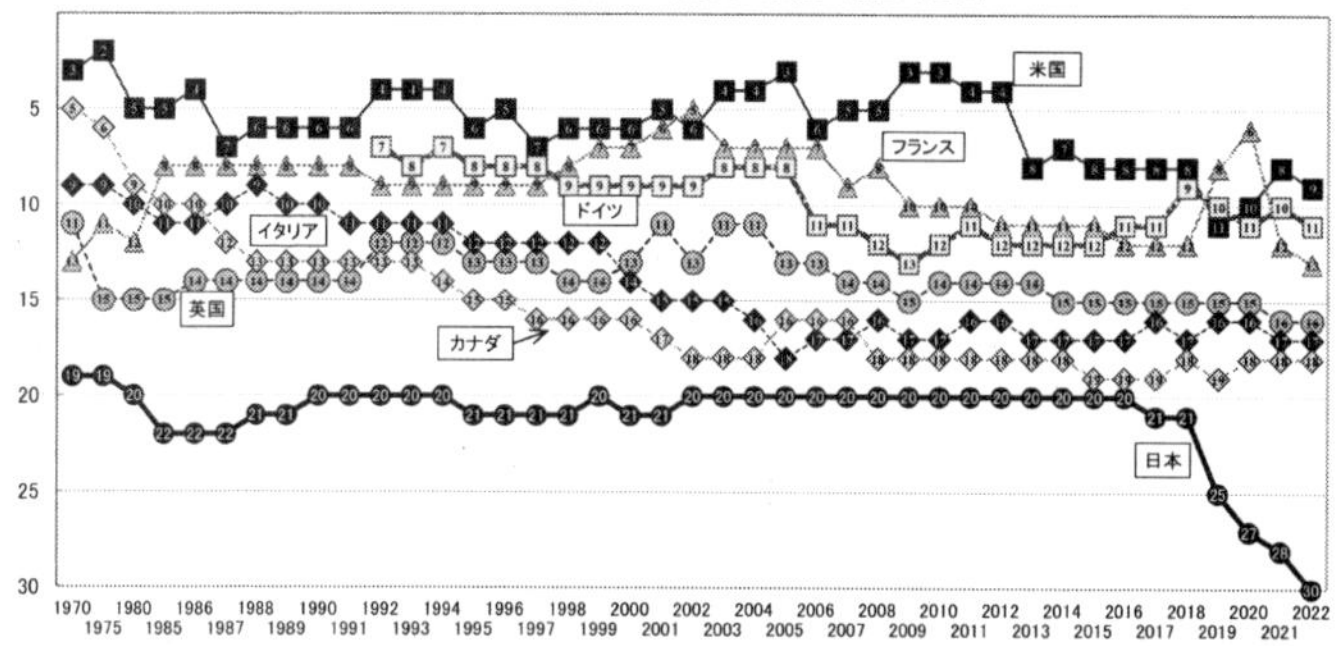

時間当たり労働生産性　上位10カ国の変遷

	1970年	1980年	1990年	2000年	2010年	2020年	2022年
1	スイス	スイス	ルクセンブルク	ルクセンブルク	ルクセンブルク	アイルランド	アイルランド
2	ルクセンブルク	ルクセンブルク	ドイツ	ノルウェー	ノルウェー	ルクセンブルク	ノルウェー
3	米国	オランダ	オランダ	ベルギー	米国	ベルギー	ルクセンブルク
4	スウェーデン	スウェーデン	ベルギー	オランダ	アイルランド	ノルウェー	デンマーク
5	カナダ	米国	スイス	スウェーデン	ベルギー	デンマーク	ベルギー
6	オランダ	ベルギー	米国	米国	デンマーク	フランス	スイス
7	オーストラリア	ドイツ	スウェーデン	フランス	スウェーデン	オーストリア	スウェーデン
8	ベルギー	アイスランド	フランス	スイス	オランダ	スウェーデン	オーストリア
9	イタリア	カナダ	ノルウェー	ドイツ	スイス	スイス	米国
10	デンマーク	イタリア	イタリア	デンマーク	フランス	米国	アイスランド
-	日本（19位）	日本（20位）	日本（20位）	日本（21位）	日本（20位）	日本（27位）	日本（30位）

出典：公益財団法人　日本生産性本部　労働生産性の国際比較2023

1-4-3 実は付加価値のある作業をしてない ~作業分析（正味・不随・ムダ）~

作業分析の方法として「**正味作業**」「**不随作業**」「**ムダ**」に分類し分析する手法があります。実は、多くの会社でも意外と付加価値を生む「正味作業」の割合が少なく、ほとんどが「**ムダ**」な作業と、正味作業をする為の「**不随作業**」をしているとも言われております。あなたの業務はいかかでしょうか?

例えば、このホワイトボードに「働く」という漢字を書いて下さいとみなさんにお願いするとします。立ち上がって、ホワイトボードまで**移動**して、ペンの**キャップを開ける**ことは「**不随作業**」であり、ただ「**動いた**」**だけ**です。**書き始める**瞬間からが「**正味作業**」としてやっと「**働いている**」と言える状態なのです。また、ボードに誰が書くのかという**調整作業**や、ペンがどこに置いてあるのか**探し**たり、伝達ミスで「はたらく」と**間違え**て平仮名で書いてしまったなら、「**ムダ**」な作業になってしまいます。

資料作成においても、考えを決定し、資料を作成して報告することが正味作業にあたりますが、それまでの情報収集、会議の調整、議事録作成などは不随作業で、資料の要求スペックを間違えていたならば、作り過ぎのムダ、やり直しのムダが発生していることになります。

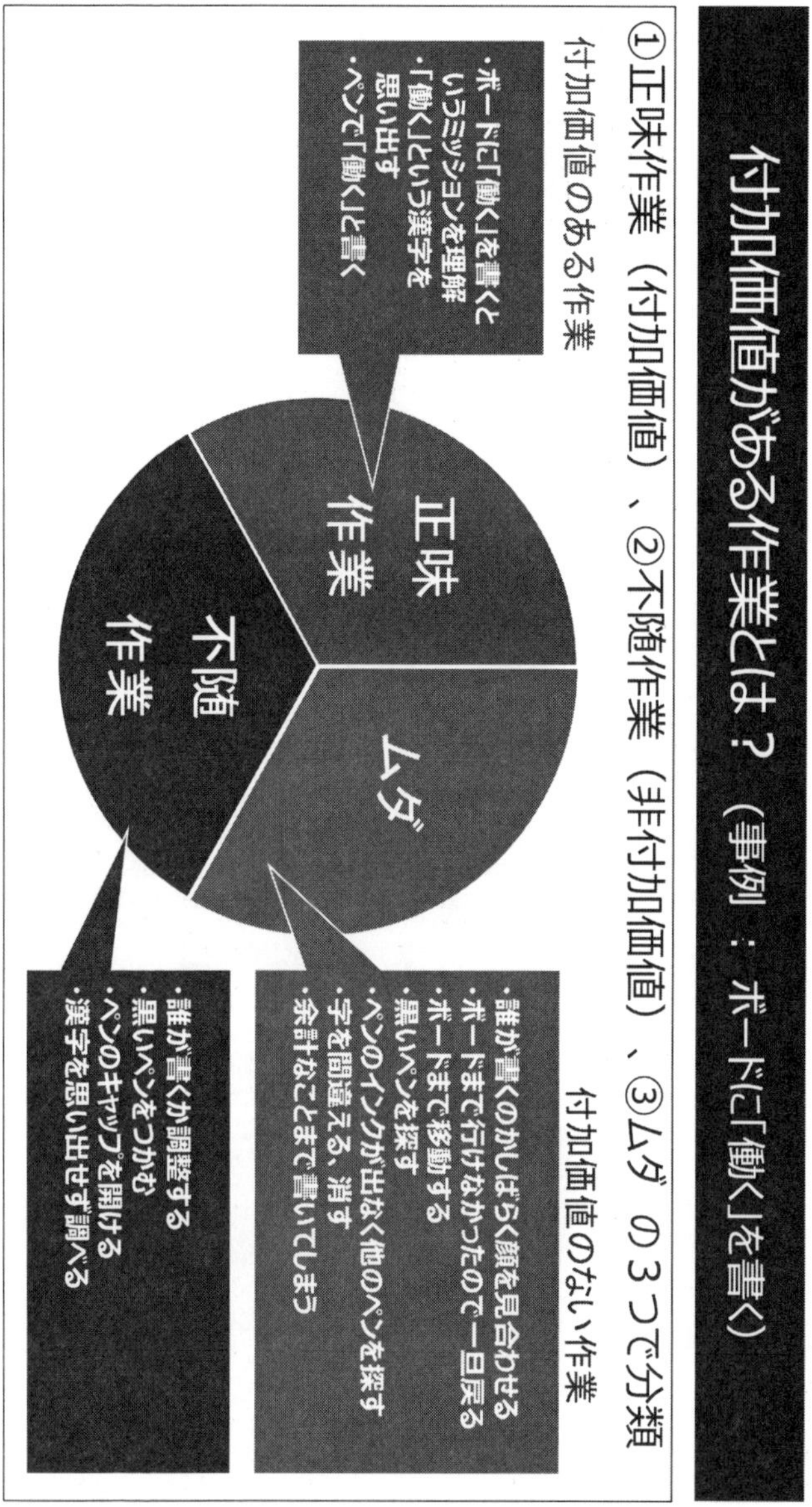
付加価値がある作業とは？（事例：ボードに「働く」を書く）
①正味作業（付加価値）、②不随作業（非付加価値）、③ムダ の３つで分類
付加価値のある作業
・ボードに「働く」を書くというミッションを理解
・「働く」という漢字を思い出す
・ペンで「働く」と書く
正味作業
ムダ
不随作業
付加価値のない作業
・誰が書くのかしばらく顔を見合わせる
・ボードまで行けなかったので一旦戻る
・ボードまで移動する
・黒いペンを探す
・ペンのインクが出なく他のペンを探す
・字を間違える、消す
・余計なことまで書いてしまう
・誰が書くか調整する
・黒いペンをつかむ
・ペンのキャップを開ける
・漢字を思い出せず調べる

1-4-4　効率化はパターン化できるかどうか次第

個別受注生産では、完全リピート品は少なく、大きさは違うけれども形は同じ、左右や長さが違うけれどもおおよそ同じものもあります。まったくゼロから仕事をし始めるのではなく、「**過去の類似製品を流用**」する、又は「**固変分離**」と言って、共通的に使える部分（固定部品）を標準化し、客先の仕様から都度見直しが必要となる部分（変動部品）で調整することにより設計・製造の品質・生産性が向上することになります。流用又は標準化された部品は、過去にその部品について吟味された結果でもあるので、品質の検討をゼロから行う必要がなくなり、繰り返し作業となるので設計や製造の間違いもなくなり、作業面でも習熟効果がでます。

コスト管理や棚卸管理の計画策定についても、ゼロから積み上げ方式で作ると、どうしてもそれぞれで余裕を持ってしまうためダブついて大きな金額や間延びした計画となり競争力が落ちることとなるので、過去の類似プロジェクトの**実績**を**実力値**のファクトとして異常値・改善を補正して策定するのが良いです。

管理する種類も、プロジェクトごとに違うからと、それぞれ別々のパターンを設けるのではなく、**機種＋大きさ**ぐらいで、**1つの標準パターン**を設定しておくことが効率的です。

この標準パターンを用いて、引合い見積があった時には、そのプロジェクトの規模補正ぐらいですぐに策定ができます。

累積コストカーブの標準パターンは、トータルを押さえた上で、材料費・加工費・直接経費別、できれば主要部品ごとコスト比率・注入時期を月別にプロットしたデータになっていることが望ましいです。実績時に、どの主要部品でのコストダウン又はアップ、納期の過早又は遅延によるものか早期に異常値分析ができるようになるからです。

ただ、この管理メッシュでの標準カーブのデータ作成が大変であれば、まずは、あるプロジェクトの過去実績データをそのまま流用、又は複数のカーブの平均値を用いることでも良いです。

標準パターン作成方法

A 案件実績データ

	-12ヶ月	-11ヶ月	-10ヶ月	-9ヶ月	-8ヶ月	-7ヶ月	-6ヶ月	-5ヶ月	-4ヶ月	-3ヶ月	-2ヶ月	-1ヶ月	完成
原価注入率(累計)	1%	2%	3%	5%	8%	21%	26%	34%	49%	64%	79%	99%	100%
材料費注入率(累計)						12%	15%	20%	30%	40%	50%	66%	66%
加工費注入率(累計)						1%	2%	4%	8%	12%	16%	18%	18%
直接経費注入率（累計）	1%	2%	3%	5%	8%	8%	9%	10%	11%	12%	13%	15%	16%

材料費注入率の内訳		-12ヶ月	-11ヶ月	-10ヶ月	-9ヶ月	-8ヶ月	-7ヶ月	-6ヶ月	-5ヶ月	-4ヶ月
	a部品						10%			
	b部品								9%	
	c部品									15%

B案件実績データ

	-12ヶ月	-11ヶ月	-10ヶ月	-9ヶ月	-8ヶ月	-7ヶ月	-6ヶ月	-5ヶ月	-4ヶ月	-3ヶ月	-2ヶ月	-1ヶ月	完成
原価注入率(累計)	1%	2%	3%	5%	6%	12%	27%	33%	48%	53%	78%	98%	100%
材料費注入率(累計)						5%	17%	20%	30%	31%	50%	65%	63%
加工費注入率(累計)							2%	4%	8%	11%	16%	20%	24%
直接経費注入率（累計）	1%	2%	3%	5%	6%	7%	8%	9%	10%	11%	12%	13%	13%

材料費注入率の内訳		-12ヶ月	-11ヶ月	-10ヶ月	-9ヶ月	-8ヶ月	-7ヶ月	-6ヶ月	-5ヶ月	-4ヶ月
	a部品							10%		
	b部品							7%		
	c部品									15%

X機種Yクラス　標準パターン

	-12ヶ月	-11ヶ月	-10ヶ月	-9ヶ月	-8ヶ月	-7ヶ月	-6ヶ月	-5ヶ月	-4ヶ月	-3ヶ月	-2ヶ月	-1ヶ月	完成
原価注入率(累計)	1%	2%	3%	5%	7%	13%	21%	34%	49%	64%	79%	99%	100%
材料費注入率(累計)						5%	10%	20%	30%	40%	50%	65%	65%
加工費注入率(累計)							2%	4%	8%	12%	16%	20%	20%
直接経費注入率（累計）	1%	2%	3%	5%	7%	8%	9%	10%	11%	12%	13%	14%	15%

材料費注入率の内訳		-12ヶ月	-11ヶ月	-10ヶ月	-9ヶ月	-8ヶ月	-7ヶ月	-6ヶ月	-5ヶ月	-4ヶ月
	a部品							10%		
	b部品								8%	
	c部品									15%

↓　グラフ表示

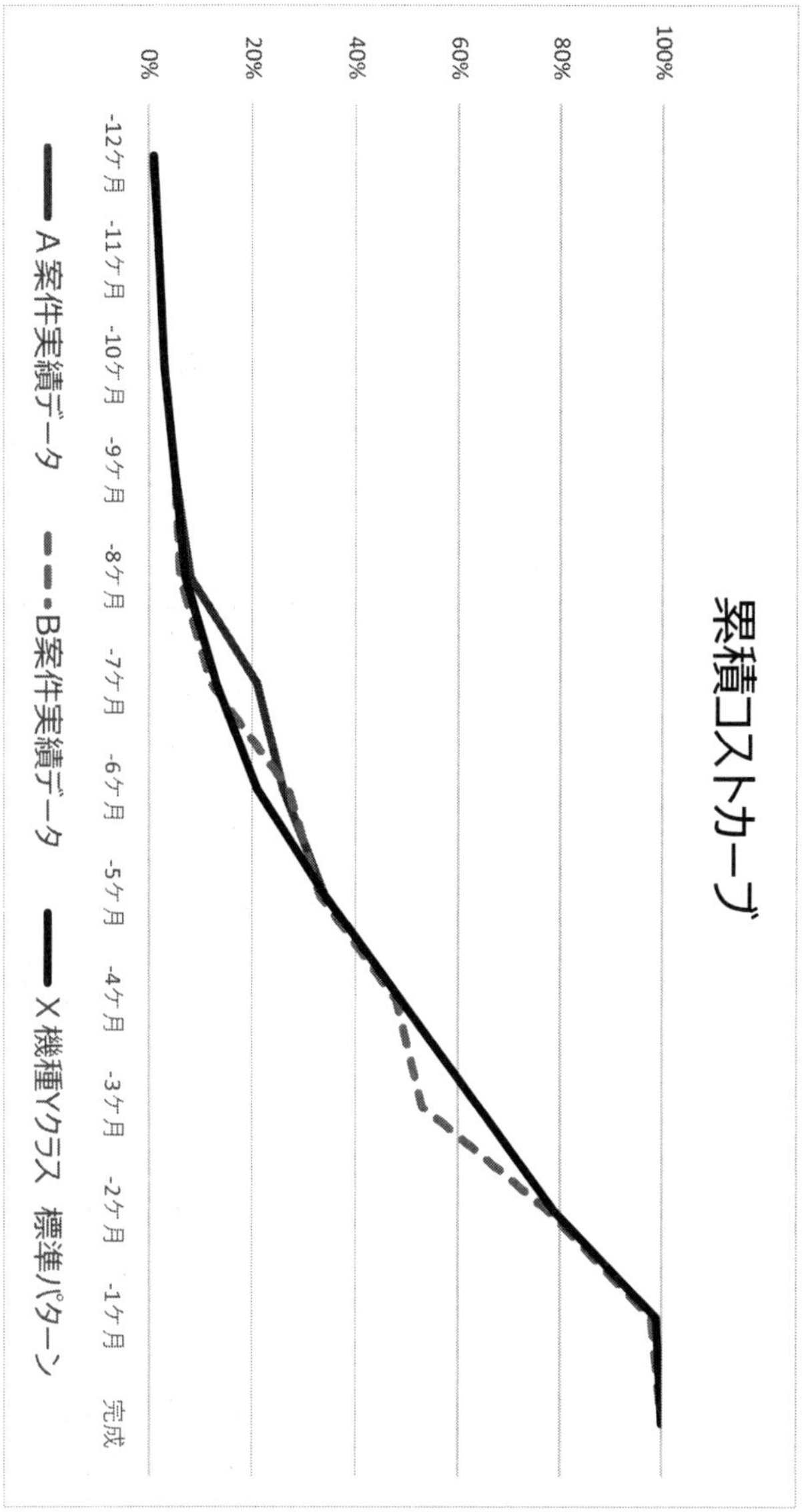

累積コストカーブ
100%
80%
60%
40%
20%
0%
-12ケ月
-11ケ月
-10ケ月
-9ケ月
-8ケ月
-7ケ月
-6ケ月
-5ケ月
-4ケ月
-3ケ月
-2ケ月
-1ケ月
完成
A案件実績データ
B案件実績データ
X機種Yクラス 標準パターン

このパターン化の考えを棚卸資産管理だけでなく、**全ての諸元についてもパターン化**できれば、どのプロジェクトを受注するのか**売上計画**だけを**入力**すれば、営業利益、資金、棚卸資産全ての諸元について自動展開し、そのデータに若干の意思を入れて**予算・見込を時間と労力をかけず策定**できると考えます。これにより、利益、キャッシュのシミュレーションもでき、今まで数値を作るだけで時間切れであった**付加価値のある施策展開**への検討時間を捻出できるのではないかと思います。

但しこちらも、中期計画の全部のプロジェクト案件を並べると大変な作業になるので、主要案件は案件ごとに管理し、中小案件は機種ごとぐらいの括りでの管理をすると良いです。

パターン化活用による予算の自動策定

～ 売上計画だけを入力すれば、全ての諸元を自動作成 ～

◆ 主要案件

A案件

売上高	300
営業利益	50
棚卸残高	0

B案件
(完成基準案件)

売上高	0
営業利益	0
棚卸残高	140

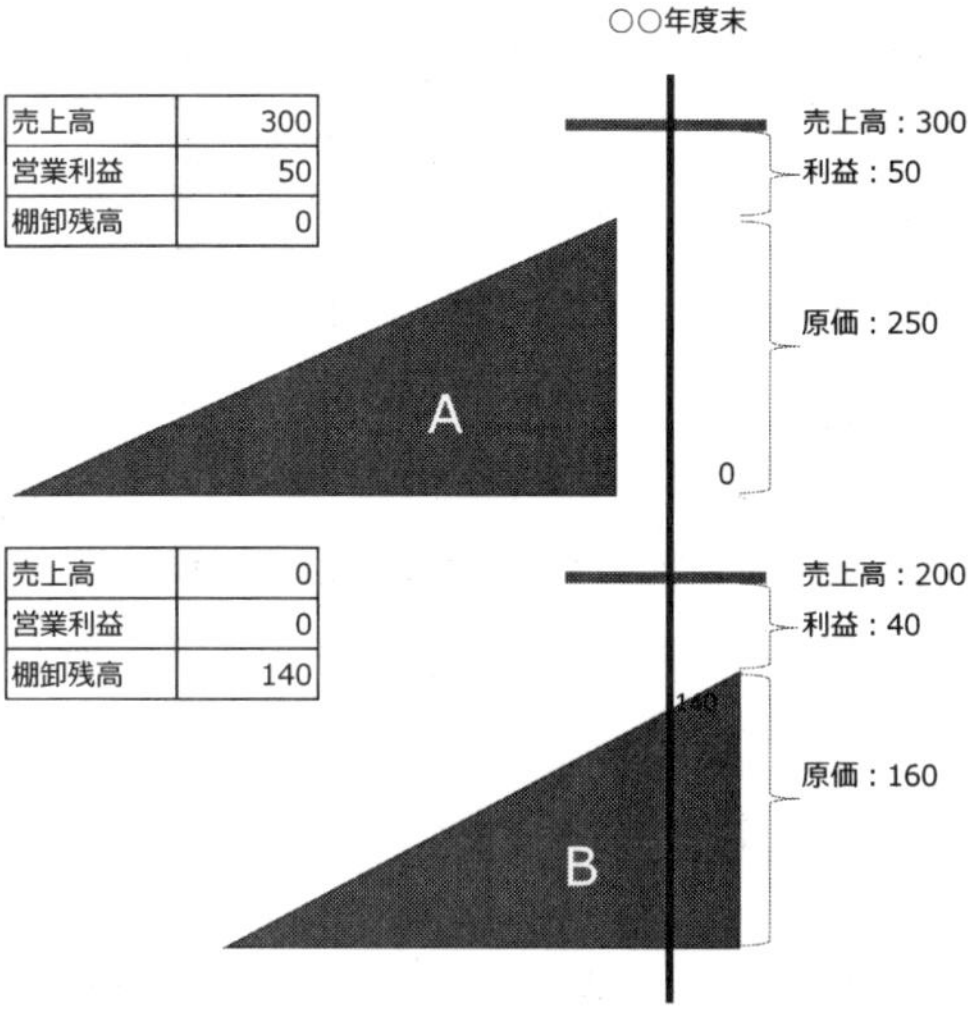

◆ 中小案件

C機種 計	売上高	300	入力
	利益率	5.0%	(パターンにて)
	営業利益	15	(自動算出)
	棚卸回転率	2	(パターンにて)
	棚卸残高	150	(自動算出)
D機種 計	売上高	200	入力
	利益率	6.0%	(パターンにて)
	営業利益	12	(自動算出)
	棚卸回転率	2.2	(パターンにて)
	棚卸残高	91	(自動算出)
E機種 計	売上高	100	入力
	利益率	8.0%	(パターンにて)
	営業利益	8	(自動算出)
	棚卸回転率	2.5	(パターンにて)
	棚卸残高	40	(自動算出)

■ 合計

売上高	900	(自動算出)
利益率	9.4%	(自動算出)
営業利益	85	(自動算出)
棚卸回転率	2.1	(自動算出)
棚卸残高	421	(自動算出)

予算編成について、事業の市場からの情報データがないままに、先に工場での情報データをかき集めて作成するやり方は、時間ばかりかかるわりに市場の大きな環境の変化への対応が遅れ、施策が後手に回り、損益ダメージが大きくなると思われます。市場動向からの**売上計画が一番重要な**ファクター（要因）であると考えます。あとは過去データのパターンによる自動策定でよいです。

施策検討については、社長からいつもこういうコメント・指摘がある、あるいは志が高いあの人ならこう考え、こう行動するだろうと**その人の思考パターン、行動パターンに思いを馳せ、高い視点から物事を考えることができれば、**それを計画に反映したり、実行したりできるようになると考えます。

資料作成においても、ゼロから考え作るより、**過去に洗練されパターン化された**資料いわゆる**テンプレートを流用した方が、説明の順番及び項目内容に漏れがないため後戻りが少なく上手くいきます。**説明する側も、説明を受ける側も、相互にとって効率的・効果的になります。

プロジェクトの進め方、客先との商談の段取りも、まずはパターンに当てはめて進めることにより、迷ったり考えたりせずに**時間の節約**になります。プロジェクトも商談も**提案する側のスピードが大事で、いかに決裁する相手に考える時間を与えられるかが大事**です。何故なら人は**自分側に考える時間が与えられていると満足度が上がるからです。**誰しも考える余地もなく今すぐ決めて下さいって言われたら、気分はどうでしょうか？

1-4-5 パターン化は相手に押し付けてはならない

パターン化の注意点として、あくまでも自分の頭の中、社内での処理、分析に使うもので、話し相手に対して直接言うのはNGです。人の気持ち、症状については、パターンで済ませてはいけないもので、洞察力の欠いた決めつけは信頼を無くすことになります。

個別受注は、お客様からしたら私だけに、世の中にただ一つのモノを作ってもらう満足感があると思います。ですので、まずはお客様が何を欲しているのかを真摯に傾聴した上で、どうやったら安くなりますか？どういう風にするのがオススメですか？と聞かれてから初めて、それでしたらと、自社の得意とするパターンを提供し、選んで頂き、お客様の問題解決をされるのが良いです。

日常でも初めて逢った人のイメージを早く掴み、その人への対処法を早く決めたくて、自分の過去の体験からこの人はこのパターンの人かな？あれ？でもちょっと違うなと思いながら、相手がどんな人なのかを想像される方もいらっしゃると思います。自分の中だけの想像は自由ですので、相手にそのイメージ像を押し付けなければ、相手の存在を尊重できていることになります。

世の中に偉大なお医者様は多くいらっしゃいますが、残念な気持ちになってしまった医療関係のエピソードを3つ紹介させて頂きます。

1つ目は、どの患者に対しても流行りの風邪ですねと決めつけ、目の前の患者をよく診ようともせずに同じ診断しか下さないお医者さん。大きな病気も見逃してしまっているかも知れないので、セカンドオピニオンとして他の病院にも行かれることをオススメします。

2つ目は、42度もの高熱が出て辛い時に抗生物質を下さいとお願いするも、「抗生物質はお腹の菌を全部やっつけてしまうからよくないです」と**お決まりのパターン化された言葉を発する学者バカ**な産業医さん。街中のお医者さんに駆け込めば、当然のようにこの非常事態ならば抗生物質で処方すべきですと目の前の患者を助けてくれます。

3つ目は、コロナ感染時に酸素飽和度が93％を下回る異常事態となり、毎日朝昼晩の電話にて体温と酸素飽和度を医療機関報告することになりました。

そこで93％未満の数値を告げると、激しい咳で体力が限界まで消耗している場合でも「93％以下なのでその場で40回足踏みをして下さい決まりですから」と**マニュアル通りの冷徹な指示**を受けていました。しかたなく、無い体力を振り絞って、言われた通りに実施すると、胃液が出るほどの更に激しい咳に見舞われ、看護師からは「咳がひどくなりましたね、酸素飽和度は良くなりましたか？」と聞かれ、「いや、86％に悪化しました」と激しい咳をしながら告げると、「86％になったのはしゃべったからですよ」と冷たく回答がきました。すなわち、そのままじゃべれない状態になれと。

食べたり風呂に入る体力もなく寝ることで辛うじて自然治癒力を高め、それから3回までは足踏みに付き合うも、このまま激しい咳で体力が消耗し続けたら、本当に殺されると身の危険を感じ、何を言われようが拒絶しました。すると保健所からも「看護師の指示に従って下さい」とフォローの連絡が来ました。この人達は、**人の命を助けることを目的とせずに**、マニュアル通りのことを強要することだけをし、その結果、人が死亡したら淡々と1名死亡と決められた**手続きだけをして給**

料を貰うことだけを目的に仕事をしている人々なのだと強く感じました。

マニュアル通りの対応で命が奪われた事件として、韓国のセウォル号沈没事故を思い出しました。沈没すると分かっている船長だけは甲板に逃げ、船が沈没しかかっているのに、他の乗客には席に待機して下さいとマニュアル通りの指示がされたままで、ほとんどの客がそのまま逃げ遅れ命を落としてしまった悲惨な事件です。指示に従わず、船が沈んでいくのを見てやばいと自らの判断で逃げ出した一部の人だけが命が助かったという事件です。

自分の身は自分で判断し自分で守るしかない。あの事故の教訓がなければ、私もコロナで看護師の言われる通りに行動し、何事もなくコロナで死亡したと記載されていたと思います。

一方、私の主治医は咳止めを手配してくれて、今すぐタクシーで届けるとまでおっしゃって頂き、どうやったら**命を助けられるかを目的**にお仕事をされていらっしゃる方で**感謝**の気持ちでいっぱいです。

人に対しては、個々人の状況・状態をよく把握したうえで、**典型的なパターンだけでの押し付けをしないよう**気を付けたいものです。

どの職業においても言えることなのですが、何を目的に働いているのか？ただ**給料の為**だけに働いている方の**サービスレベルは低く、人の為になりたい**と働いていらっしゃる方の**サービスレベルは高い**と思うのです。

1-4-6 パターン化にて負けない

パターン化は**様々な場面**での**選択**をする上で**有用な判断**にも使えます。

卑近な例ですと、ギャンブルである**パチンコ**も、相手すなわち**店長の思考パターン**を考えれば勝率が上がります。どんな日に出すか、どの機種が好きか、どこの位置が好きか、機種にもよりますが投入から爆発的に出る投入カーブのパターンなどがあります。どの台を選べば良いか迷った時の**鉄則は**その日**出ている台**を選ぶことです。たまになんでいつまでたっても出ないのだと怒っているお客さんを見かけますが、店が出ない設定をした台を選んだだけで、全てはそれを**選択した客側の責任**です。

株について、明らかなパターンとして言えるのは、**優待券狙い、高配当狙いの大衆の心理**として**権利確定日に向かって株価が上昇**し、**権利確定日直後に下落**する傾向があります。最近ではその動きを利用して権利確定日の前に高値で売る動きも多く3カ月ぐらい前から仕込むのが良いかも知れません。

為替FXや株価指数について、誰が相手なのか？ニュースでは、〇〇を毛嫌いして市場は反発したなどと、後付けで理由を付けますが、市場とは経済ニュースそのものではなく、それを聞いた**大口投資家**のことです。経済ニュースからそうなるだろうとその方向に賭けても何故かすぐにはその方向に行かないことがあるかも知れません。それは**ダウ理論**といって、大きな市場のトレンドの波があるので、よほど大きな事件が起きない限りすぐには反応しないものなのです。

大口投資家の思考パターンが分かれば勝率が上がりますが、チャートの動向から推測することはできます。**ろうそく足**の**ヒゲ**が投資家が大きく取引をした痕跡を残しています。その痕跡からその後の方向性を予測できるかと思います。

また短期的にはいろんなパターン分析がなされ、例えば振れ幅がだんだん狭くなり、上がるのを抑制されて一気に下がったり、逆に下がるのを抑制して一気に上昇したりするパターンを見ると勝率があがるとも言われています。

しかしながら実態は9割の人が負けているとも聞いており、市場の取引数が少ない場面では大きく変動させられることにより、資金力が小さい個人は不意に全額ロスカットされてしまう場面もあるかと思います。

私達は、ギャンブルで大きく勝った時の武勇伝をよく耳にするので、**大きく勝つことを目的に**しがちですが、それが大きな落とし穴でして、**いかに大きく負けない**か？いかに**お金を減らさずに増やせられるかを目的**にすることが大事です。どうしても今すぐ増やしたいという焦りや欲が邪魔すると**投資が投機**となってしまい、何度か勝てても、一気に大きく負けて全てを失ってしまいがちです。まずは、自分が勝てていると**慢心せず**に次の瞬間に負けるかも知れないと**油断をしない**こと。**不確定要素が高い時は手を出さない**と、自分に言い聞かせ精神面で自分にまず勝たないとギャンブルの域から脱することができないのです。（自分用）

ちなみに**富裕層**は、小銭であっても**宝くじなど不確実性が高いギャンブル**は**無駄遣い**、**浪費**であると考え、実はやっている人はいないとのこと。年5%リターンが貰える確実性が高い投資に振り向けるらしいです。

ギャンブル・投資とは話が違いますが、**悪徳商法**の手口もあの手この手と巧妙になっています。**その手口のパターン（常套手段）を知り、正しい選択**ができるかどうかが、その後の人生の幸せにも繋がっていきます。目の前で一生懸命熱意をもって話してくれる相手に情が移り、性善説で話を聞いてしまうと、引っかかってしまいます。怪しいかもと思ったらその会社名や商品名を検索して、**口コミなど**の**情報収集**をし、判断をして下さい。

数十万円ぐらいの高額を今すぐ払って下さいというのは大体怪しいことが多いかと思います。

パターン化にて負けない！

◆ パチンコ・パチスロ　：

・店長の思考パターンを考える（出したいイベントの日か？好きな機種は？好きな場所は？）

・鉄則：出る台を打つ（出ない台は出ないまま終わる　設定だから努力は報われない）

◆ FX・株　：

・大衆心理の思考パターン（権利確定日に向けて上昇、翌日下落）

・大口投資家の思考パターンを考える（ヒゲによる戻しがヒント？）

・短期的パターン　　　（上げ下げを抑制するパターンなど）

・市場のパターン　ダウ理論など（トレンドとして同じ方向に動く）

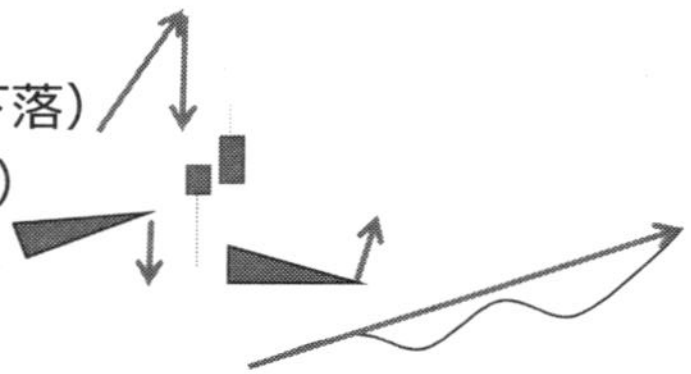

◆ 悪徳商法　：

・常套文句：高額の収入がすぐに入る、高額払えば儲かる。今すぐ決めないとチャンスはない。
（社名・商品名等をネットで検索し、口コミなどの情報収集により判断）

1-4-7 同じと考えられる人はIQ・EQが高い

日々新種の生物が発生する生物学でも、まずは**カテゴライズ**をして管理できる状態にすることが重要と考えられているそうです。

IQテストも謎解きの問題も大体は、同じような法則、パターンに気づけるかどうかだと思います。**IQ（知能指数）が高い**というのは、すなわち**パターン化**する**能力が高い**ことを示しているのではないかと思います。

管理能力・経営能力においても、目の前のどんな新たな事象に対しても、過去に経験した**類似の出来事から判断**し、焦らずに対処できる人が求められていると思います。

人間関係のコミュニケーションにおいても、細かい点で異を唱え、否定的な会話をする人よりも、大体は同じであると相手と共感できる人の方が、好感が持てて、話が進むのではないでしょうか？**あなたと同じである**という**共感力**が高い人がEQ（**心の知能指数）が高い**ことを示しているのではないかと思います。

同じと考えられる人は、その人自身の人生と、周りの人の人生をも豊かにできる人ではないかと思います。

1-4-8 属人的判断が個人も会社も潰す　～発注点管理とは～

個別受注生産では、納期、コスト、サービス面で優位なモノを戦略的に在庫化したりもしております。例えば、受注をしてからでは納期が間に合わない長納期品の部材や、複数の案件で使用可能な、まとめ買いをした方が規模の経済で安くなるものや、ロット買いでないと購入できない(100個以上でないと製作してもらえない)ものや、お客様への保守サービスを維持する為の部品メーカーの廃型品などを在庫として持っていることがあります。

これらの在庫の種類は数百、数千種類あり、限られた人員で、部材が欠品しないように、かつ余分に買い過ぎてムダに廃却をしてしまわないように全件を人間系で管理するのは大変な作業となります。そのため、どれだけ使って無くなったら発注するかの発注点のルールを決めて管理の手間を削減する必要があります。

発注点管理の管理方式には「定量」と「定期」があり、**個別受注生産では、「不定期・不定量」の発注点方式**が望ましいです。何故なら見込生産のように決められた在庫が定期的に一定量使われるものではなく、ある時は大量に使われるが、使われない時は全く使われないケースが多分にあるからです。標準化がされてないと言われればそれまでですが、強度・大きさなど上位にあるオーバースペックで在庫化するとなると、在庫そのもののコストが高くなり、製作する時も加工時間が長くかかってしまうことがあり得ます。トータルでのコストとして何が最適かを検討する必要があります。

個別受注生産では、大きな案件を受注した場合に通常の在庫ではまったく足りなくなることがあることから、発注点管理が使えないのではと思われる方もいらっしゃるかも知れませんが、**需要予測案件**と、**計画外の突発的案件**とを**分け考えて**ハイブリッドで**管理**すると良いです。

需要予測案件では、**使用する分**だけを**手配**し、**使用後**は**在庫**が**ゼロ**となるため、それ以外の発注点管理には影響しないことになります。

したがって**計画外の突発的に使用する分のみを発注点管理で対応**すれば良いという考えになります。

発注点管理により、手配が楽になるだけでなく過剰な在庫を適正量にコントロールすることもできます。後述する安全在庫量と発注点を設定することができれば、発注を抑制し、自ずと在庫を削減することができます。

この発注点管理をせずに、人間系での**属人的な手配**をしていると、**個人及び会社が不幸**になります。

真面目で几帳面な在庫担当は、在庫が欠品した、あるいは余り過ぎたと個人で問題を抱え**メンタル**に陥る人もいれば、逆に杜撰で無責任な生産担当が、口頭発注で通常の2桁を超える過剰手配をしたために、数十億円規模の在庫が発生し、数年間に渡って**負の遺産**を背負いながら、工場長始め多くの関係者が後処理に追われ、後処理を任された担当者が**メンタル**になって会社を辞めてしまう事態にもなります。個人及び会社を守る為に**仕組で改善**していくのが良いです。

見込生産の在庫発注点管理　<不定期・定量発注方式>

過去１年の月平均使用量　：　25　　　　　　調達LT　：　4ケ月
発注点　：　200　（25個×4ケ月＋安全在庫100個）

	期首残	4月	5月	6月	7月	8月	9月	10月	11月	12月	1月	2月	3月
入庫		50		50					100				100
出庫		25	25	25	25	25	25	25	25	25	25	25	25
在庫残高	220	245	220	245	220	195	170	145	220	195	170	145	220

↑在庫残高が２００を下回ったら１００個（２５×４）発注し4か月後に入庫

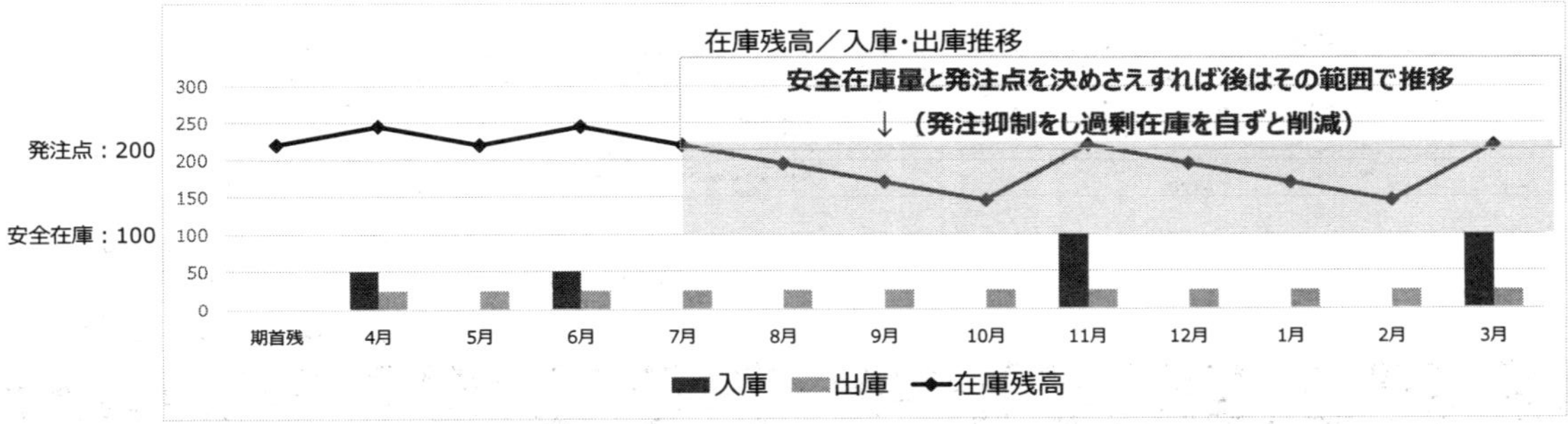

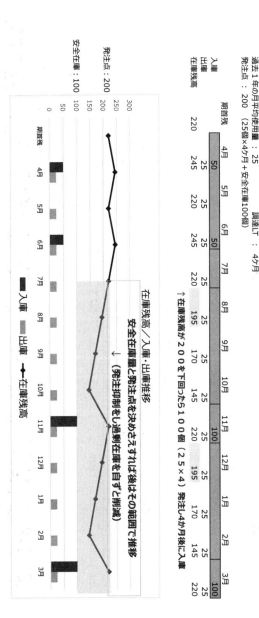

個別受注生産の在庫発注点管理　＜不定期・不定量発注方式＞

＜保守・定検＋需要予測大型案件＞

過去１年の月平均使用量 ： 25　　調達LT ： 4ケ月
発注点 ： 200 （25個×4ケ月＋安全在庫100個）

	期首残	4月	5月	6月	7月	8月	9月	10月	11月	12月	1月	2月	3月
入庫					110	300						140	
出庫		10	30	50	0	300	10	0	50	20	20	30	50
在庫残高	200	190	160	110	220	220	210	210	160	140	120	230	180

↑在庫残高が２００を下回ったら２００までの不足分１０個＋１００個（２５×４）を発注

↑需要予測で必要な３００を調達LTを考慮し４カ月前に発注しておき、入庫後、即出庫して使用するため保守・定検向けの在庫に影響しない

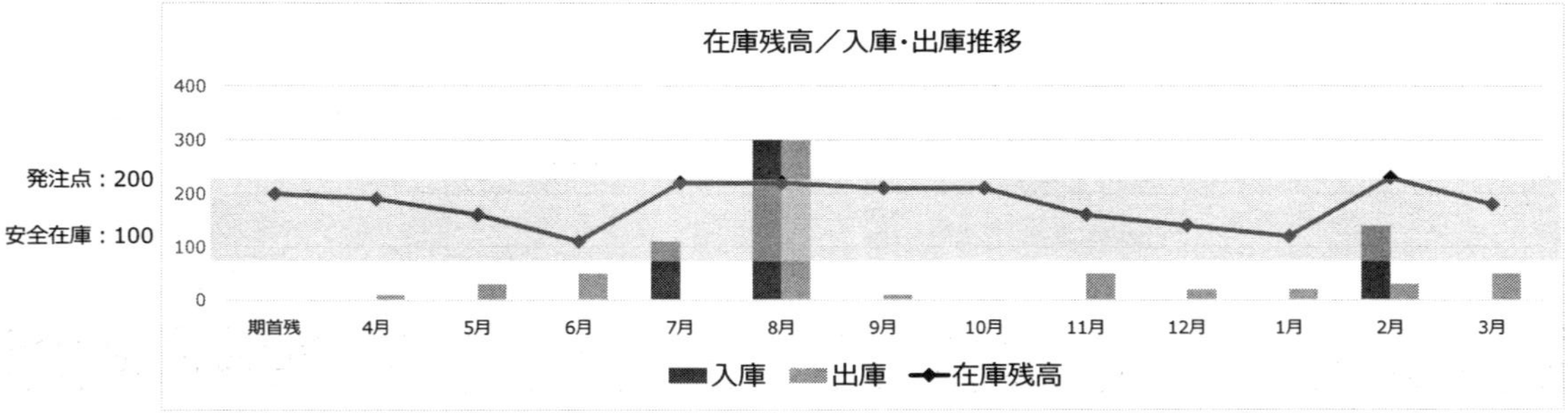

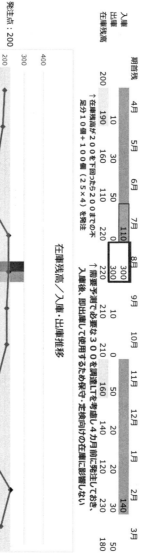

1-4-9 不確実な将来予想は過去データでまず予測 ～安全在庫とは～

今後突発的にどれだけ在庫が使われるのかを、起こりうる事象をいろいろと想定し、検討するだけで1週間以上かかると思われます。そしてその検討した結果を上司に報告すると、あれも考えておけ、これも考えろと際限なく検討だけに時間を要することになってしまいます。そして残念なことにこれだけ一生懸命に時間をかけて検討してもほとんど当たることはないと思います。であればムダに時間をかけずに過去のファクト（事実）を基に、関係者が納得するデータを作るのが一番合理的です。実は、既に欠品リスクに応じて在庫量を算出する**「安全在庫」**というものが学術的に用意されています。

安全在庫＝安全係数×過去の使用した偏差（波）×√調達LT

※安全係数は、一般的に欠品許容率5％（100回のうち5回欠品してしまうかも知れない率）＝安全係数1.65の数値が用いられますが、確実に欠品をなくしたい場合は（欠品許容率0・1％）は3・1などを用います。逆に多少欠品してもなんとかなる場合（欠品許容率10％）は1・29などでも良いです。在庫のABC分析で、在庫を切らしてはならないAランクの重要部品については、安全在庫計算の安全係数を高くするなど、組織で仕組として決めると良いです。

発注点はこの安全在庫を加味して、**「発注点（適正在庫量）＝安全在庫＋調達LT×月平均使用量」**

となります。
発注点管理での注意事項として、少なくとも**年1回は**安全在庫量、発注点の元データとなる直近の**過去1年間**の**出庫データ**実績及び**最新**の**調達リードタイム**の見直しの**メンテ**をすることです。メンテし忘れたことによる過剰に在庫を手配し、使われず廃却となってしまうケースもよく耳にします。調達納期が世界情勢によって伸びていたりしている場合は、逆に欠品してしまうリスクがあります。**運用を定着化**するには、**教育**で在庫管理の**リテラシーを上げる**ことと、**運用のルール・規程**を定めておく必要があります。

発注点算出フォーム

発注点である適正在庫量は、下記フォームにて
該当在庫品の　①調達LT、②御社での発注の間隔、③過去の出庫実績、④安全在庫係数　を入力すれば算出できます。

◆ **発注点の算出**

①調達LT（ヶ月）		**②発注間隔（ヶ月）**			月の平均使用量		安全在庫量		**適正在庫量（発注点）**
（ 4	＋	0	）＝	×	23.3	＋	101	＝	194

（毎日又は不定期なら「0」、1か月に1回は「1」）

◆ **安全在庫量の算出**

④安全在庫係数		標準偏差（出庫数のばらつき）			調達LT		発注間隔（ヶ月）		**安全在庫量**
1.65	×	30.6	×	（√	4	＋	0	）＝	101

平方根
2.0

◆ **過去1年間の突発的な出庫状況（③出庫実績）**

4月	10
5月	30
6月	50
7月	0
8月	0
9月	100
10月	20
11月	0
12月	0
1月	20
2月	0
3月	50

＊**④安全係数**：一般的に欠品許容率５％の場合は1.65を用いる。
欠品したくない場合は3.1、多少欠品しても大丈夫な場合は1.29などを選択

欠品許容率	安全係数
0.1%	3.1
1%	2.33
2%	2.06
5%	1.65
10%	1.29
20%	0.85
30%	0.53

1-4-10 軽微なことをいかに考えないか ～ダブルビン方式、用度品管理～

在庫のＡＢＣ分析で、Ｃランクの在庫品で、**小額**のボルト・ナットのような物は、個数を数える自体の人件費の方が、ボルト・ナット合計金額を上回ってしまうケースがあります。この場合に**ダブルビン方式**と言う在庫管理方式を取ることによって**管理コストをミニマムに**することができます。

2つの在庫のビンを用意しておいて、**1つのビンの中身が無くなったら、手配**をするという簡単な方式です。個数を数えたり、あとどれぐらいになったら手配しようかと考える必要が無くなります。

用度品についても、発注点のルールを決めておけば、そろそろ購入しましょうかと検討や承認を伺う**ムダな管理コストを無くす**ことができます。例えば、ペンの**残りが1本になったら、**庶務さんに手配カードを持って行って**手配**してもらうルールを決めるだけで良いのです。

我々は、軽微なものに対して、いかに**考えずに済ます**かの「**しかけ**」や「**ルール**」を**取り決めて**しまえば、そのことについては以後考えなくても良い状態にすることができます。そして、より**重要なことを考える時間に充てる**ことができるのです。

からくり人形のように、何歩歩いたら何をするのかをあらかじめ「**しかけ**」を組み込んでおけば、**規則性があるもの**に対しては大体のことは**自動化**ができると考えます。

ダブルビン方式とは

片方の瓶の部品だけを使っていき、空になったら手配、もう一つの瓶の部品を使っている間に補充される

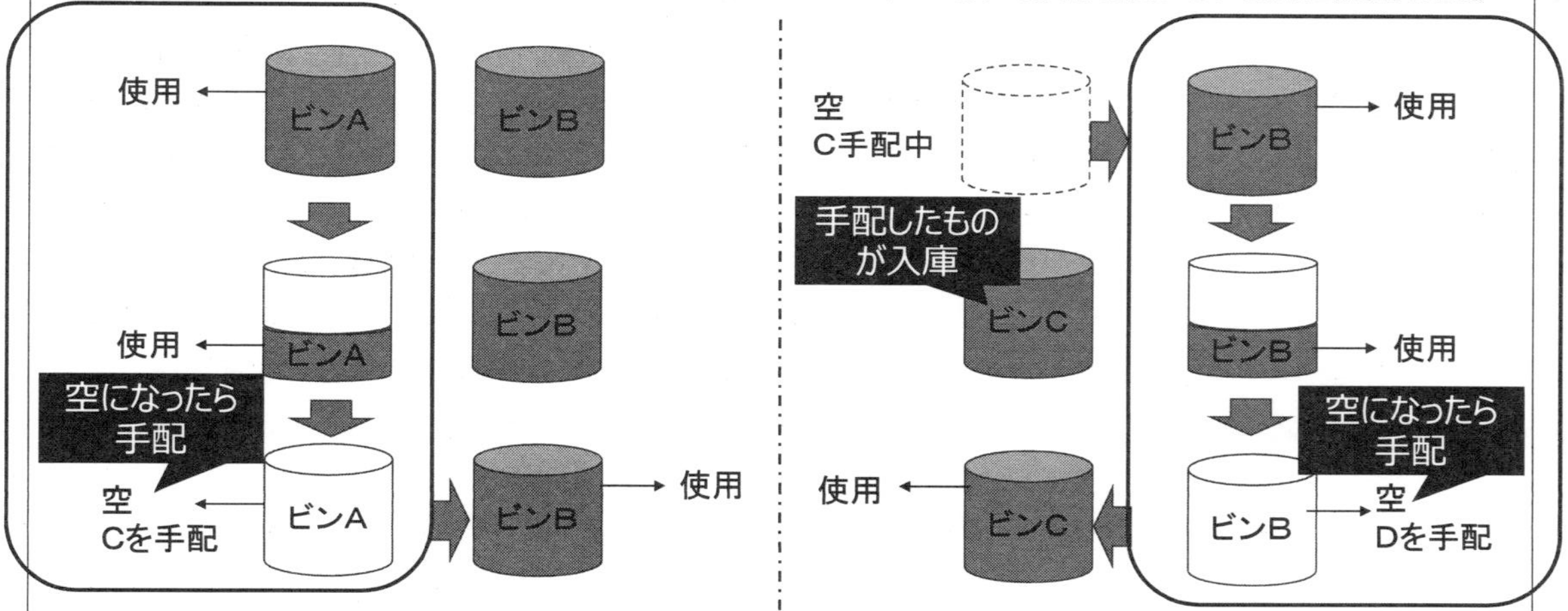

▼1-5　棚卸資産を改善するには▲

前の項目までで、棚卸資産とはどういうものかということと、その管理をどうやって効率よく行うのかについて解説をして参りました。ここからは実際にどうやって棚卸資産を改善することができるかについて解説をして参ります。

今後日本でも欧米同様に物価が上昇し金利が上昇していく局面が近い将来訪れると思われキャッシュフローの管理が重要になってきます。既に「キャッシュフローが悪く、残業も多い・・・」と、嘆かれている企業様がいらしたら、**ムダに作り過ぎ**ている**部材**がないかを確認されることをオススメします。それが**棚卸資産**及び**キャッシュフロー**を**改善**することに繋がります。

棚卸資産の数値を最初に手っ取り早く良くするには、**不動在庫を断捨離**することです。2S（整理整頓）をしてムダを見えるようにする為には1度は必要なことですが、せっかく買った資産を毎回ムダに捨ててしまうだけなら本質的ではないです。**本質的な考え方は、「ムダに作らない」**、「**タイムリーに作る**」、「**計画通りに作り切る**」ことです。

「**ムダに作らない**」とは、質・量共にムダに作り過ぎないことです。質としては、「**安く作る工夫をする**」ことです。お客様が求める機能・品質を保った上で、部材を安く購入したり、製品を安全に簡単に作る工夫することです。お客様が求めていない過剰なスペックの製品は自ずと高額となり、製品の金額が高くなると製作途中の棚卸資産も増加することになってしまいます。

量としては、**「作り過ぎない」**ことです。作り過ぎてしまうと、売れるまでの間ずっと棚卸資産を抱えていなければならない状況になってしまうためです。長年持ち続けると倉庫代や管理の人件費がかかり、挙句の果てには使わずにただムダに捨ててしまうことになるかも知れません。

「タイムリーに作る」とは、**「市場で売れるタイミング、お客様が必要とする納期で作る」**計画をして、**「タイムリーに部材を投入する」**微調整することです。

そして、最後に**「計画通りに作り切る」**ことです。作り切って売れない限りお金が入ってこなく、黒字倒産となってしまいます。棚卸資産としても、せっかく前述の「ムダに作らない」「タイムリーに作る」ことができていても、計画通りに作り切らないと**お金の塊が多くなった状態、棚卸資産が増えた状態**のままとなっています。**作りかけたら計画通りに作りきる**ことが大事です。

棚卸資産（キャッシュフロー）を改善するには（考え方）

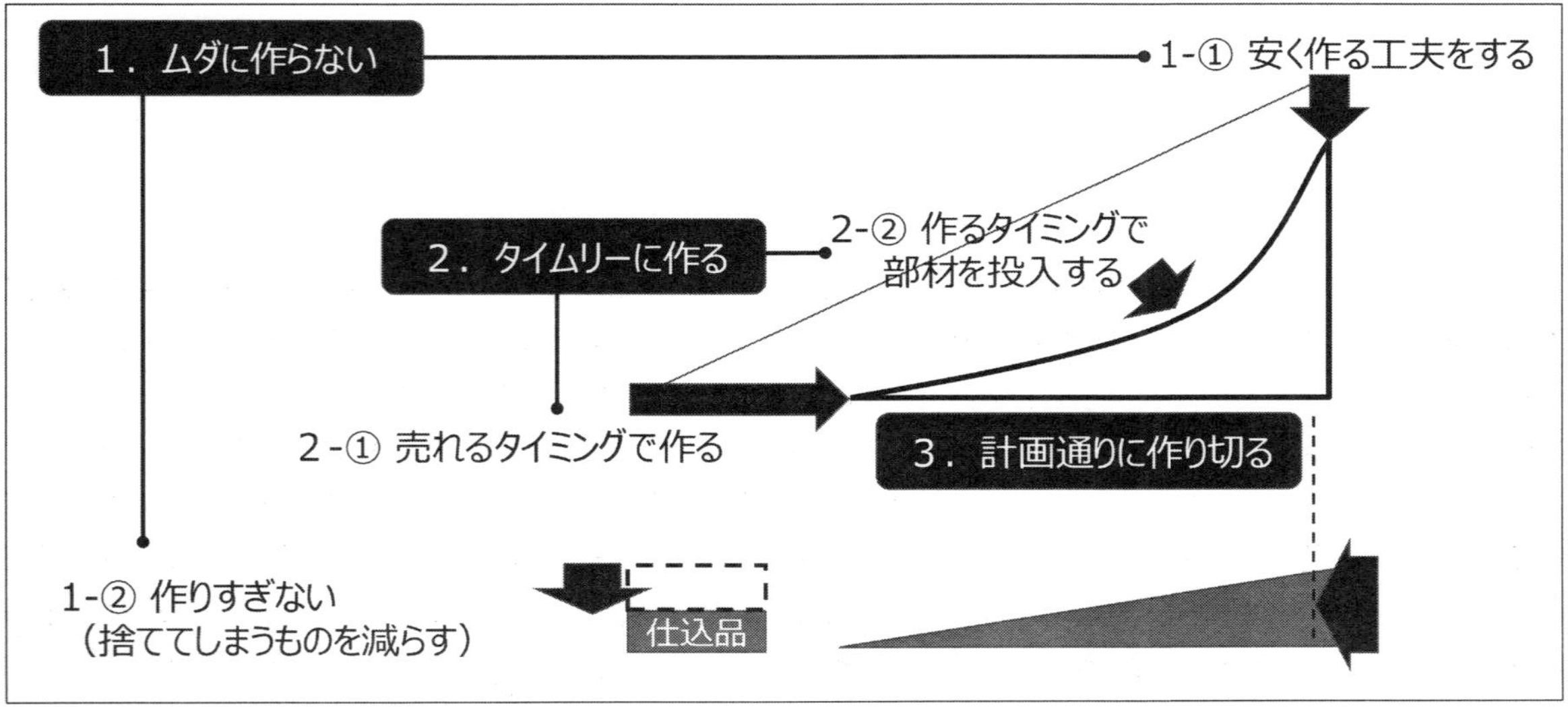

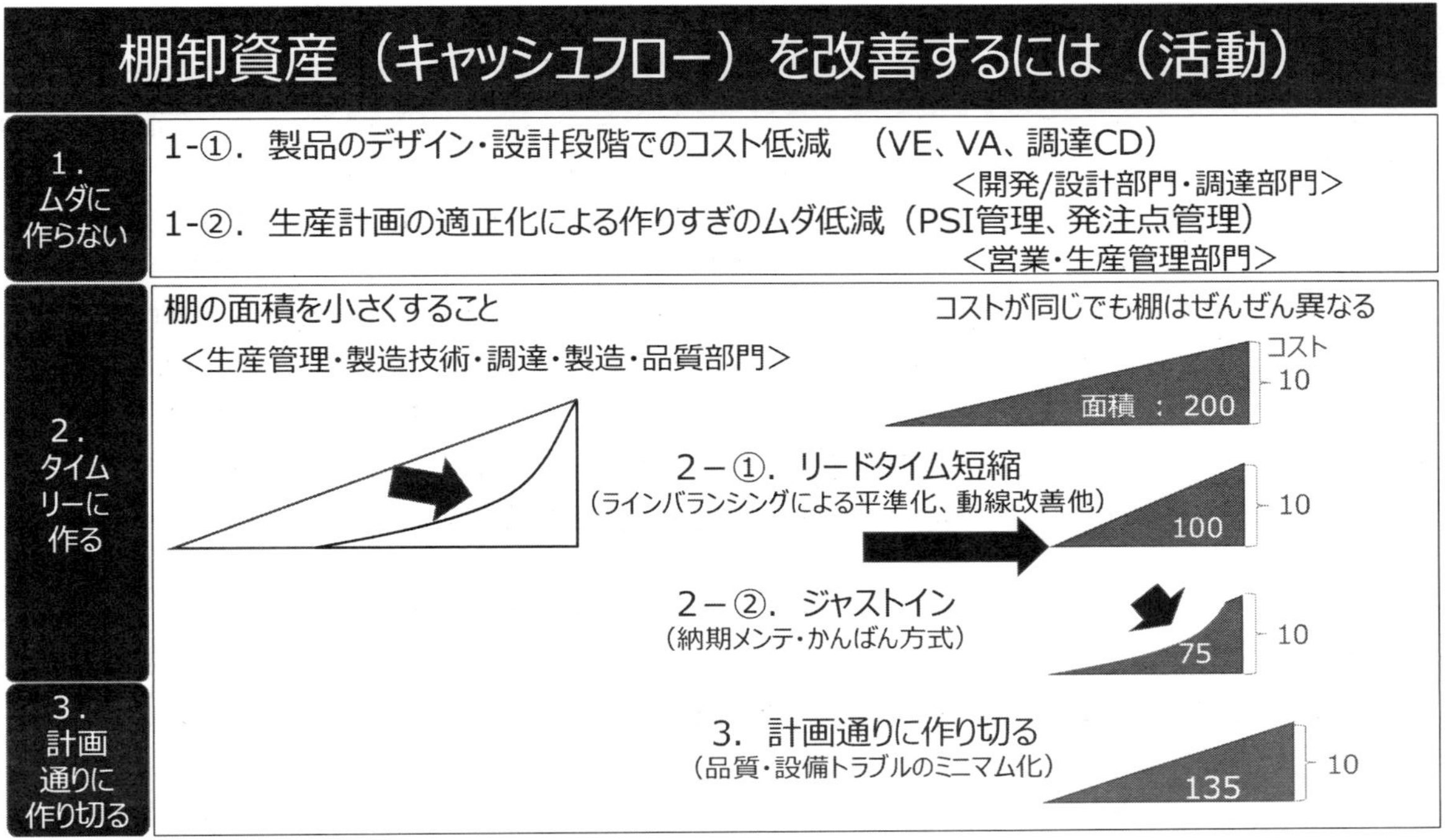
棚卸資産（キャッシュフロー）を改善するには（活動）
1．ムダに作らない
1-①．製品のデザイン・設計段階でのコスト低減　（VE、VA、調達CD）
<開発/設計部門・調達部門>
1-②．生産計画の適正化による作りすぎのムダ低減（PSI管理、発注点管理）
<営業・生産管理部門>
2．タイムリーに作る
棚の面積を小さくすること
<生産管理・製造技術・調達・製造・品質部門>
コストが同じでも棚はぜんぜん異なる
コスト
10
面積 ： 200
2－①．リードタイム短縮
（ラインバランシングによる平準化、動線改善他）
100
10
2－②．ジャストイン
（納期メンテ・かんばん方式）
75
10
3．計画通りに作り切る
3．計画通りに作り切る
（品質・設備トラブルのミニマム化）
135
10

棚卸資産を改善する３つの考え方を記載しましたが、次に棚卸資産を改善する具体的な活動を紹介します。

実は、**棚卸資産を改善する活動は、モノづくりに携わる全部門**（営業・設計・調達・生産管理・製造技術・製造・品質）**の英知の結集**による活動なのです。それゆえ棚卸資産の指標（回転率）が生産活動における生産性の結果指標であると言えるのです。

1-5-1 安く作れるかどうかは設計段階で決まる ～VE・VA・CDとは～

製品を安くする活動としてVE／VA／CDという活動がありますが、**どのように設計するかで製品コストのほとんどが決定します。**

VE（Value Engineering）とは、**お客様が欲しいという価値に注目し、それ以外はそぎ落とした製品となるよう設計する活動**です。お客様としては、提示された金額より、価値があると思えばその商品を購入するというものです。もっと言いますと、その製品コストが安かろうが高かろうが、低スペックだろうが高機能だろうが、価値が金額に見合うと思えば購入するというものです。すなわち、作り手として自社の技術をフルで駆使して最高級製品を開発したとしても、それがお客様として欲しい製品でなければ、ムダにコストが高いだけのものとなってしまっています。棚卸資産の改善以前の売れるかどうかの非常に重要な活動です。

VA（Value Analysis）とは、特に既に製作したことのある製品について、**作業者が安全で、**

生産性よく製造できる方法に見直しをしたり、入手容易な**素材**や、部品外注メーカー**の設備**などに応じて、必要な品質を確保した上で**全体として安く作れるよう図面や仕様を変更**する活動です。

CD（コストダウン）とは、文字の通りコストを下げることですが、購入する部材のコストを下げたり、作業時間のコストを下げることに用いられます。**調達CD活動**としては、**開発購買／相見積／値引き交渉（ネゴ）**などがあります。

開発購買は、先ほどのVAでは、既存の製品に対してですが、既存及び新製品に対しても、自分達の既に構築できているサプライチェーンでの**素材・部品外注メーカー**の特徴を活かしながら**W－N・W－Nの製造方法を提案**したり、異業種の**新たな取引先を開拓**したりすることにより、**いかに安く調達できるかを提案**する活動です。

相見積とは、部材の購入先として1社だけでは、その1社が提示してきた言い値で購入してしまうことになってしまうため、**2社、3社から見積**を取り**比較**をし、一番安くて、機能、品質が良い取引先から購入する活動です。

値引き交渉（ネゴ）とは、文字の通りですが、ただ安くしてくれとお願いするものではなく、その取引先に対して今後の発注物量も**まとめて発注**することにより規模の経済として値引きを要求したり、過去の検収実績から**今回の金額を査定**し値引きを要求したり、**取引先の操業状況**や、**支払条件**などによる値引き交渉をする活動です。

1-5-2 計画の悪さがムダを生む ～PSI管理とは～

せっかく作ったモノが、売れずに捨てざるを得ないことになってしまった時に、会社のお金だからどうでもいいやと開き直る人もいれば、責任感が強い人は罪悪感に苛まれる人もいます。特に見込生産では、何がどれだけ売れるのかは結果がでないとわからないこともあり、売れ残ってしまった在庫に対して独りで責任を抱え込んでしまうことは荷が重いことではないでしょうか？

また売れば売るほど儲かるからと生産能力以上に営業が受注してしまうと納期遅れが発生し、納期を守るべく外注に高いお金を払って製作依頼をしたり、特に個別受注生産では納期が間に合わず客先に製品価格以上の高額の違約金を支払わなければならない事態になります。

発注点管理でも同じことを申しましたが、これが、仕組やルールで、組織としての決定事項であれば、個人の責任にはならず、メンタルにならず良いのではないでしょうか？

見込生産など標準化された製品において、組織としての作り過ぎのムダ、作れないムリ・ムラを低減する**PSI管理**という活動があります。**生産（Production）のP、販売のS（Sales）、在庫（Inventory）のI**の頭文字を取ってPSIと呼んでいます。

営業部門にて市場の需要予測から**今後どれだけ売れるかを予測**し、**営業管理又は生産管理部門**にて、**現在どれだけ在庫**があるから、**あとどれだけ作れば良いかを計画**することが大事です。業務プロセスからすると、販売計画（S）をして、生産（P）して、在庫（I）となるのでSPI管理と呼ぶべきところ、PSI管理と呼ばれるのは、ムダに作り過ぎない為に、**あとどれぐらい生産(P)**

しなければならないかを、販売（S）情報と在庫（I）情報から取り決め、**最適な意思決定をするという想い**から、この順番になっているのではないかと勝手に想像します。

PSI管理は、先々の案件を予想して、どれだけ在庫があるから、あとどれだけ作れば良いかを把握するというある意味一般的な在庫の「**受払管理**」でもあるため、個別受注生産での、受注してからでは納期が間に合わない長納期品の事前手配にも活用できます。

いずれにしてもPSI管理は、事業レベルで決定する管理方法であり、製品又は主要部材の**欠品**及び**作り過ぎのムダ**を軽減させるべく、特に営業にて**タイムリーに**市場動向、案件の受注確度を反映した**精度の良い販売計画**が**重要**であると考えます。

また、生産計画においては、生産できる能力の**負荷平準化**をし、**工場のリソース**の**ムリ**、**ムダ**、**ムラがない**よう**稼働**させることがコスト面でメリットがあります。

ＰＳＩ管理

A製品

①今後の受注予測から販売計画を作成、突発対応用に安全在庫量確保
→生産能力１８個に対し、無理な生産計画に・・・

	3月末	4月	5月	6月	7月	8月	9月
a社向け　受注案件		10		10			
b社向け　受注案件			20				
a社向け　受注確度80%以上							10
b社向け　受注確度80%以上					20	20	
補修対応		2	2	2	2	2	5
販売計画		12	22	12	22	22	15
生産計画		12	22	12	22	22	15
在庫計画　（安全在庫量：５）	5	5	5	5	5	5	5

←生産にムリ、ムラがある

生産の平準化

②生産能力最大１８個/月以内での平準化、安全在庫５個以上を考慮
→生産能力不足を在庫にて対応

生産計画		17	17	15	15	16	15
在庫計画　（安全在庫：５）	5	10	5	8	11	5	5

←平準化
←生産能力不足を在庫で対応

個別受注生産においては、営業と工場にて需給会議を実施し、営業からの需要予測案件と工場からの工場負荷状況（**工場大日程計画**）にて、どの案件をどの時期に受注するかの調整会議がＰＳＩ会議であるとも言えます。

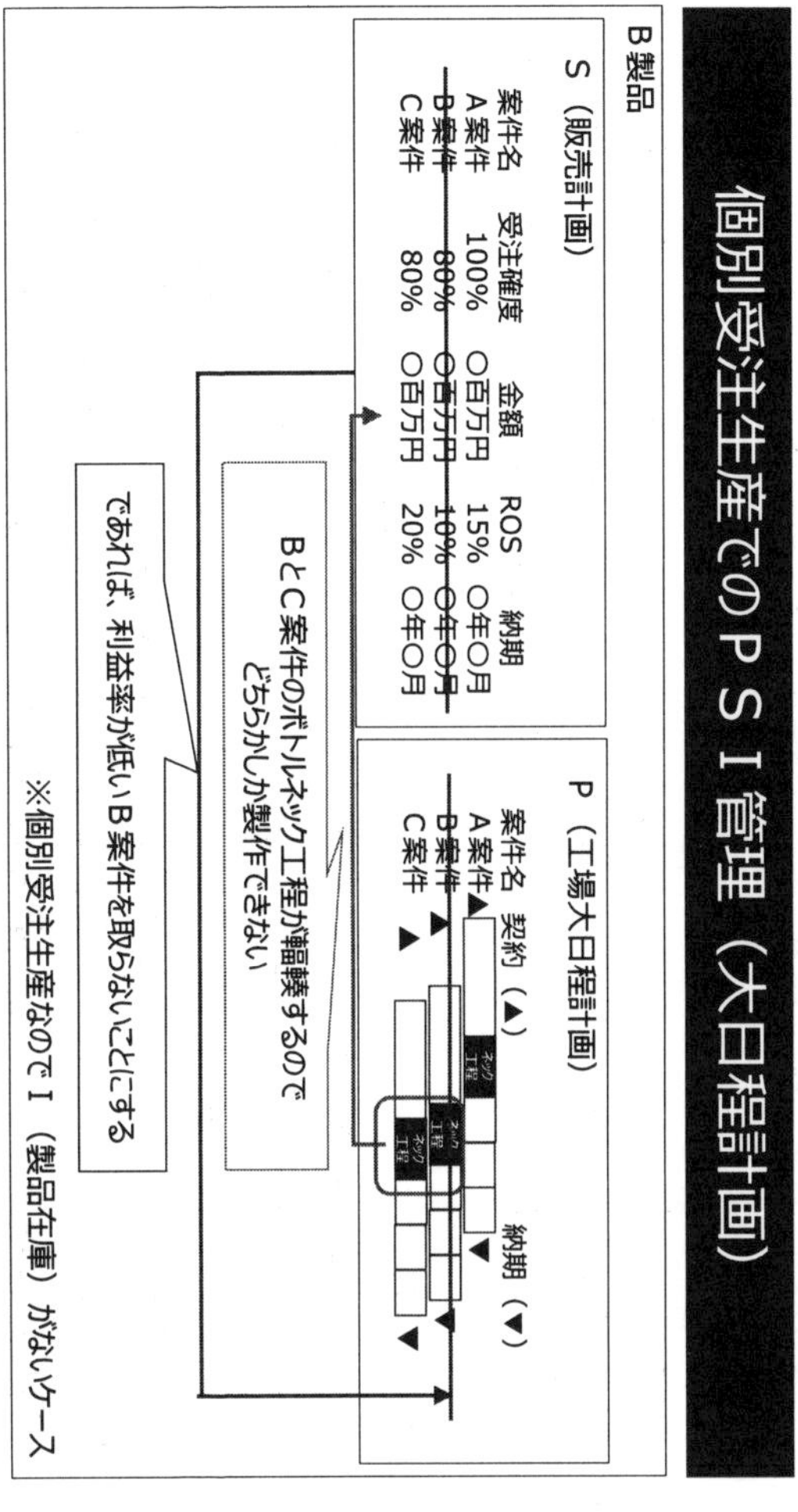

1-5-3 棚卸資産の面積を小さくすることが一番の生産活動 ～リードタイム短縮～

生産活動における棚卸資産削減は、三角形のような累積コストカーブの棚卸資産の面積をいかに小さくするかという活動になります。縦軸として同じコストであっても、作り方によって横軸の長さ、くびれにより棚卸資産の面積が全く異なることになります。（P79参照）

一番効果的な活動は、横軸の長さを短くするリードタイム短縮の活動であり、リードタイムを短縮した分そのまま棚卸資産が減ります。リードタイムを1／2にしたら棚卸資産も1／2になる計算になります。逆に計画通りに出来上がらないと、リードタイムが長くなり棚卸資産が増えることになります。

リードタイムを短縮すればするほど棚卸資産は小さくなるので、できる限り短縮することが望ましいですが、どれぐらいまで短縮する必要があるのかは、**売れるスピードまで短縮すれば良い**です。量産品については、売れるタイミング・ピッチまで改善し、個別受注生産では、お客様の全体の工事工程の中で、その製品が必要となる納期までにリードタイムを改善できれば良いです。

結論から言いますと、**「トヨタ生産方式」**を実践すると、**棚卸資産**を**改善**させることができます。まずは市場のマーケティングから売れる台数を定義し、工場は**売れるスピードで製作**できるラインを構築、**ラインごとの**作る仕事量を**平準化・ラインバランシング**によりリードタイムを短縮し、現場での**かんばん方式**にて、次の工程で必要となった分だけ、前の工程に指示することにより作り過ぎを防止及び投入の**ジャストイン**を図り、くびれた累積コストカーブを実現できます。

また、計画通りに完成ができるよう「**入手困難な部材の在庫化**」と、「**品質確保**」「**設備保全**」をすることです。すなわち部材の欠品を無くし、計画通りに着手し、自工程内で品質を確保して次の工程に不良品を送らないことと、設備が故障して長期間停止しないよう予防保全と、計画的な老朽更新と故障の予兆があればすぐに交換部品を手配するなど未然に工程が停止しないようにしましょう。

戦略的にある外注メーカーを開拓・育成する目的があるなら別ですが、小額のコストダウンをすべく品質が不安定なメーカーに発注し、後戻りによる納期遅延が発生しまうよりは、品質が安定しているメーカーとサプライチェーンを組み、自らのつくり方及び投入するタイミングを適正化することで棚卸資産を削減する方が賢いです。

1-5-3-1　売れるスピードで作る　～タクトタイム・ラインバランス（平準化）とは～

突然ですが、あなたはあるビルの12階の防災班長です。会議中に、突然火災のサイレンが鳴り響き、犯人から「3つの会議室の天井に爆弾を仕掛けた。5分以内に3つ全ての会議室の火を消火できなければこのビルごと吹っ飛ぶ」と犯行声明がありました。

現在の3つの会議室の状況は、A会議室にはあなたともう1人の2名がいて20㎡の火が、B会議室にも2名いて30㎡の火が、C会議室にも2名いて10㎡の火が発生し、全員が2㎡／分消火できる消火器を持っている状況です。

果たして無事に5分以内に消火ができるのでしょうか？

この、どの部屋（工程）も5分で消化しなければならないという制約時間がいわゆる「タクトタイム」と呼びます。市場の売れるタイミングからの自分達が作らなければならないタイミング・ピッチ・サイクルになります。

まず、各人が今いる部屋での消火しようとすると次の棒グラフの状態となります。B会議室が7・5分かかってしまうので、5分での消化ができないことになってしまいます。このままではB会議室は天井に火が届き爆発してしまいます。どうしたら良いでしょうか？

全体を把握して、全体最適に人を再配置することにより3つの会議室とも5分で消火できるやり方はないでしょうか？

消火人員配置（成り行き）

（現在会議室にいる人での対応（配置変更なし）

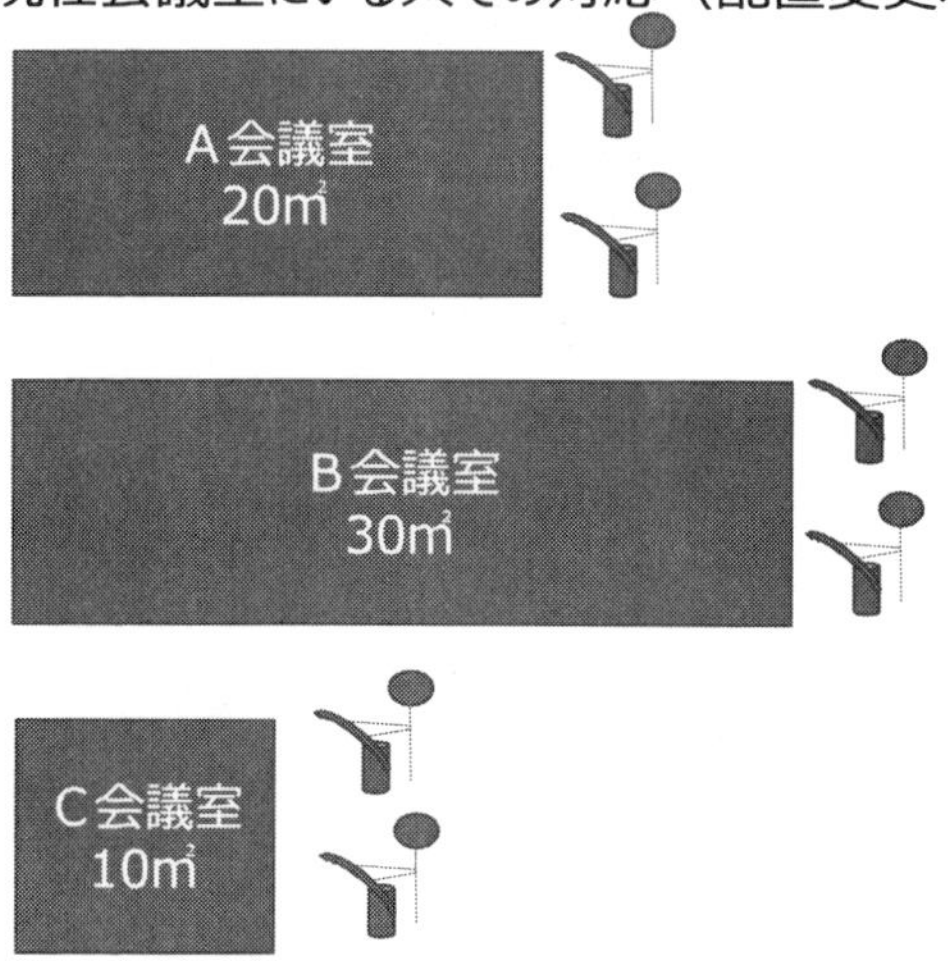

消火時間（成り行き）

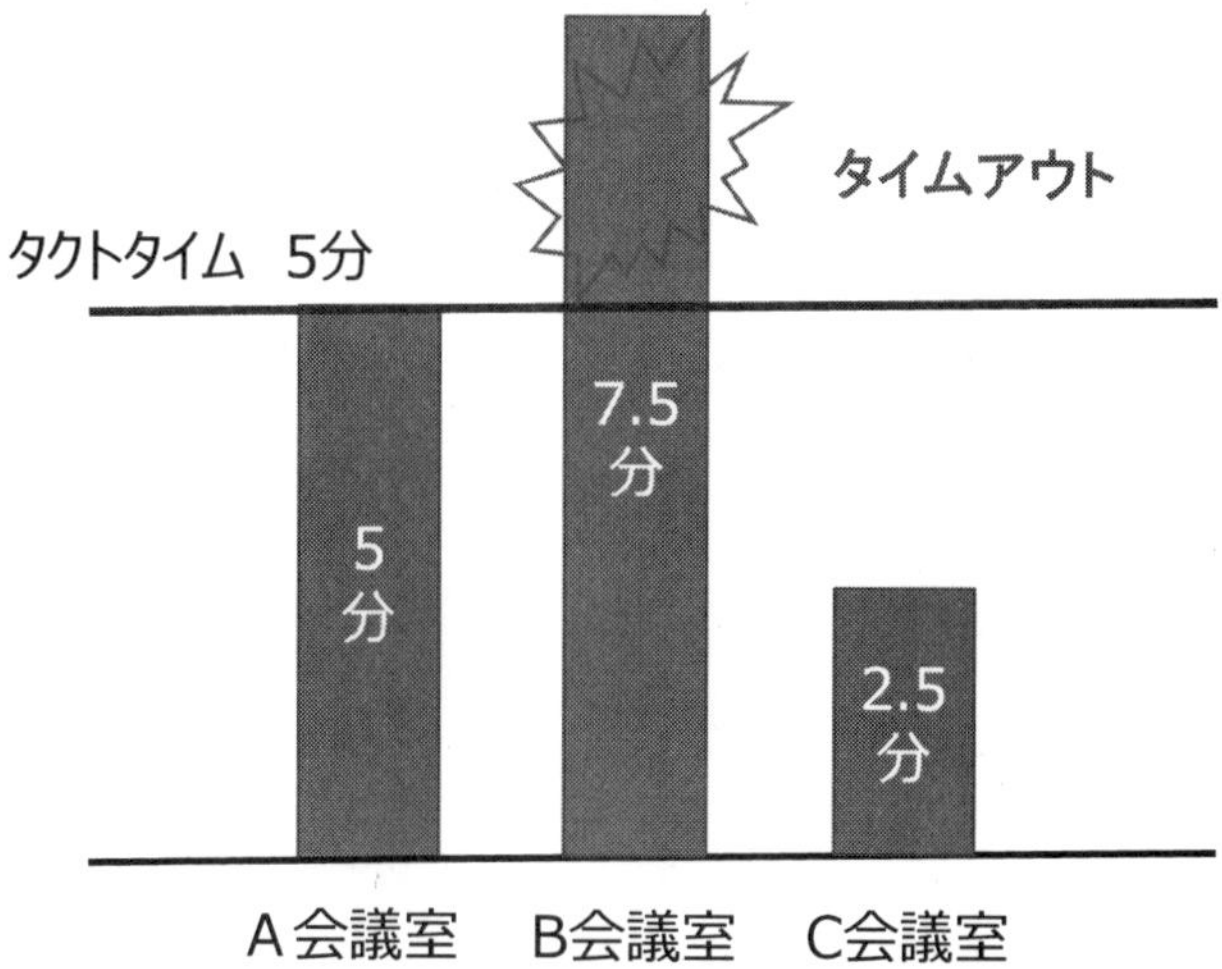

ラインバランス率＝(5+7.5+2.5)/（7.5 × 3）=66%

そうです。C会議室は1名で消化作業をしてもらい、1名はB会議室に来て消火活動をしてもらえれば全ての会議室を5分以内に消化することができることになります。

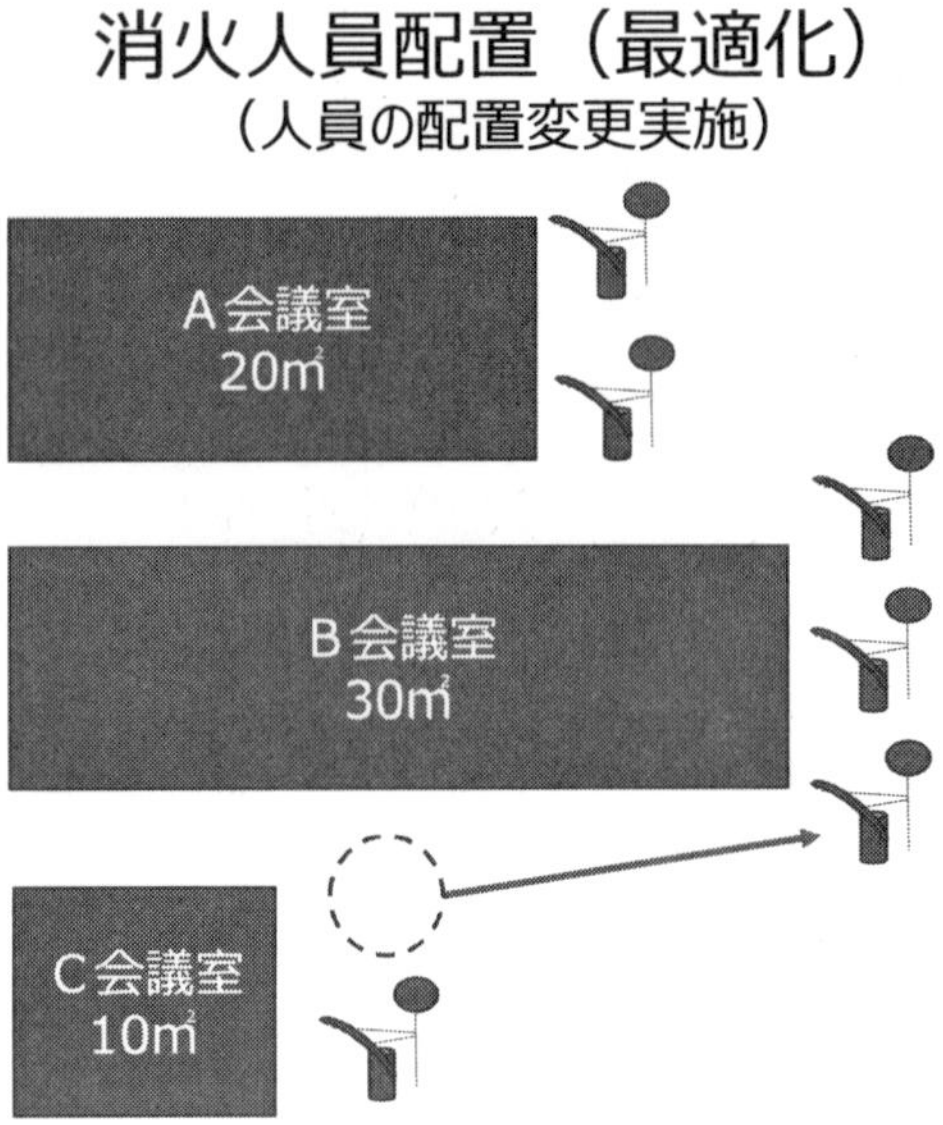

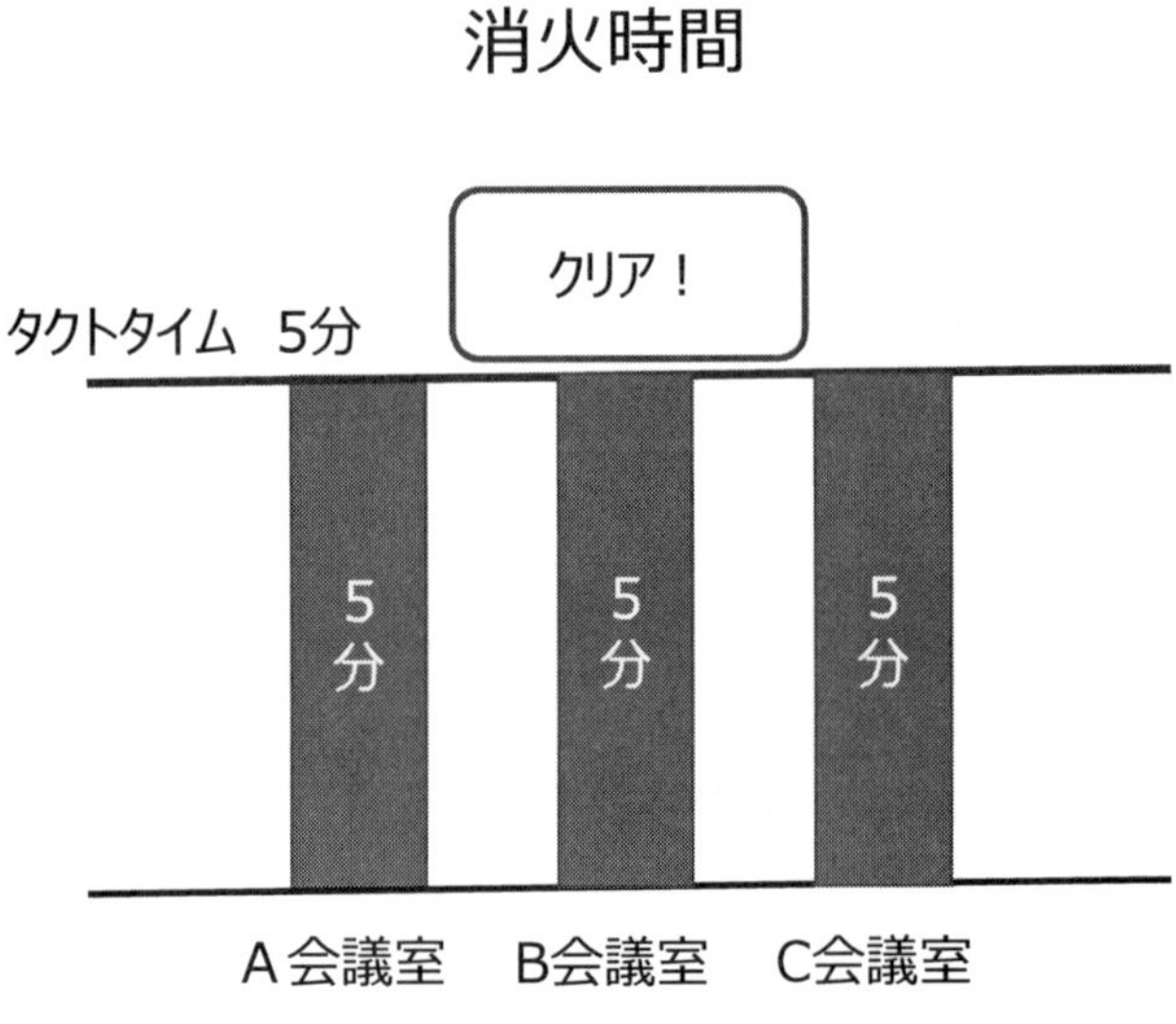

この消化時間すなわち**工程の作業時間がバラ**ついている状況を「**ラインバランス**」といい、それを**分析し改善する**ことを「**ラインバランス分析**」や「**ラインバランシング**」と呼びます。

そしてどの程度、工程・ラインの能力がバランスしているかを測るメトリックとして「**ラインバランス率**」というものがあります。計算式は、「**各工程の所要時間の合計を**、最も時間がかかっている**ボトルネック工程の時間×工程数で割った率(%)**」となります。

この計算式からも分かるように、分母である**ボトルネック工程を短縮**させれば「**ラインバランス率**」**が改善**するという式となっています。**製品を売れるタイミングで流す**には、**ボトルネック工程を改善**させることが一番重要であることが分かるかと思います。

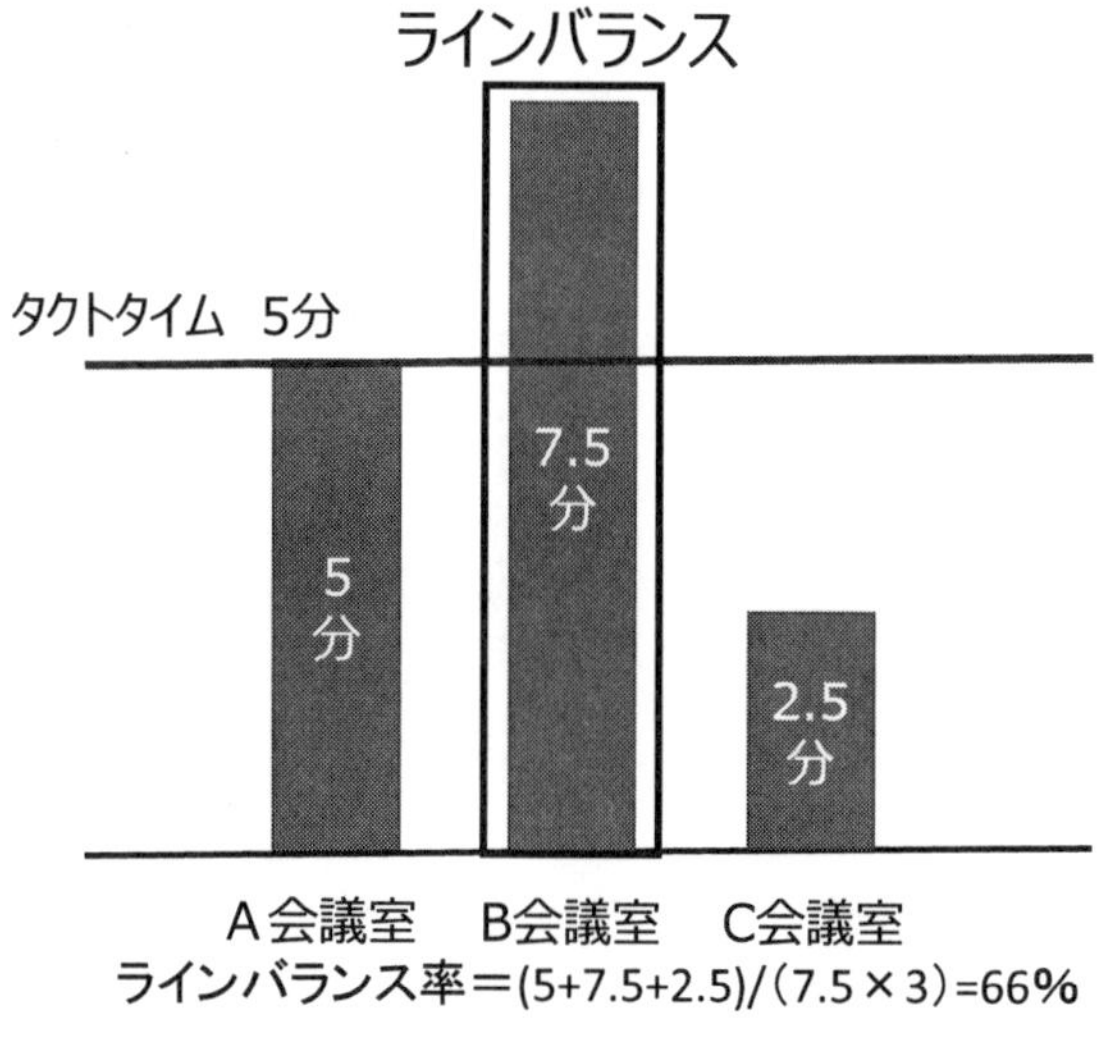

また、ラインバランシングをすることにより、リードタイム短縮だけでなく、人や設備やスペースなどの**リソースのムリやムラを調整し最適化**することにもなります。その結果、工場として最もリソースにムダがない（儲かる）状態になります。

今回の消化事例では人の再配置だけでしたが、製品を作る工程では、作業を分割して前後の工程に作業移管、外段取り化、サブライン化、交替勤務、外注化、設備投資による生産能力アップなどの施策でタクトタイム内に収める活動をします。

良くありがちなのは、全体を見ずに、**ボトルネック工程**のリソー**スが限界**であると考え、2倍の消化能力がある消火栓を導入すれば良いのではと、いきなり**設備投資**をしてしまうケースです。全体のバランスの確認と、まずはお金がかからない工夫を検討しましょう。

ご参考に、ネックとなりがちな専用機の機械加工工程の改善方法の一つには、他の汎用設備で粗加工まで行い、特殊加工の部分だけ専用機で実施するなど**パラで加工できる部分は平行して行う**やり方もあります。

自分達の工場及びサプライチェーンの**リソースをフル活用**して、いかに**ラインバラスが良い製造ラインを構築**できるかどうかで、**製品のリードタイムに差**が生じ、回転率を向上させることにより売上及び利益にも貢献することができるのです。

尚、**ライン構築**にあたっては、ラインバランスからではなく、まずは2S（整理・整頓）にてスペースを確保した上で、想定の生産規模及び**素材入庫から出荷までのメイン作業エリアの動線が良**

いレイアウトを検討してから、各ラインバランスを検討すると良いです。何故なら、ラインバランスは、各ラインごとの能力の比較でしかない面もあり、あらかじめ工程間の移動によるムダがミニマムとなるライン構築を実施しておくのが良いです。

製品リードタイムの正しい把握方法は、「**製品工程分析**」にて、製品の素材投入から出荷までの物の流れに注目して時間を測ることにより把握します。そして待ちや運搬などのムダを明確化することによって改善を図ると良いです。

リードタイムの短縮は、工場の中の話だけではなく、**保守メンテ**などの**お客様に近い**ところでの**工期短縮**は**競争力に**繋がります。

例えば、うだるような真夏の熱帯夜を過ごしている最中に、自宅のエアコンが突然故障した時に、修理費が安いけれど1か月待ちの業者と、少し修理費が高いけれどすぐに修理に来てくれる業者、しかも家での作業時間もテキパキと短く作業してくれる業者、どちらに頼みたいでしょうか？熱中症で倒れそうなぐらいの暑さを何とか解消してくれるのであれば、多少高くてもその**対価に見合う**ものであると思いませんでしょうか？

早く修理を完了できることにより、お客様の作業、環境、事業にメリット・満足があるビジネスチャンスは多く潜んでいると思われます。

1-5-3-2-1　ジャストインタイム　～後引き仕掛けかんばんとは～

「ジャストインタイム」というトヨタ生産方式で有名な言葉を聞いたことがありますでしょうか？**必要な物を、必要な時に、必要なだけ**準備するというものです。オンタイムではなく、インタイムなのでギリギリではなく時間内に間に合っている必要があります。マーシャリングをする人が部材を揃える時までに所定のピッキング場所に置いてある必要があります。間に合せようとすると余裕を持って早めに準備しておけば安心ですが、早めに準備して工場のスペースが足りなくなったり、環境の変化で必要なくなり捨てるだけとなったりとリスクが伴います。そのため作り過ぎのムダを無くすべく「**後引き仕掛けかんばん**」という仕組を用いたりします。

ボトルネック工程は、製品の作るスピードを決めてしまう工程であるので、フル稼働させるべくその工程の前に在庫エリアを設け、**ボトルネック工程で**作業する**部材が持って行かれたら、前工程に対して作業開始指示**をするというものです。**あらかじめ在庫エリアの個数を決めて**おいて、1個持って行かれたら1個作ることによりそれ以上**在庫が増えない仕組**となります。

後引き仕掛けかんばんは、作り過ぎを防止する機能があるものの、あくまでも直近の生産の微調整であるため、基本はＰＳＩ・大日程での事業レベルでの生産計画を経て、それなりの精度の良い日程付けがされていることが必須です。かんばん以前の上流での生産計画の納期設定の精度が意外と悪く、納期メンテがされていないがために現場でのスペース混乱、マーシャリング管理の手間、資金精度の悪化などの問題が生じているところが多いのではないでしょうか？

尚、この仕掛けかんばんを実施すべき箇所は、「ボトルネック工程」と「最終組立工程」をフル稼働できるようにその前に在庫を設置するのが良いです。逆に言えばそれ以外の工程は、ボトルネック工程よりも余裕があるため不要です。

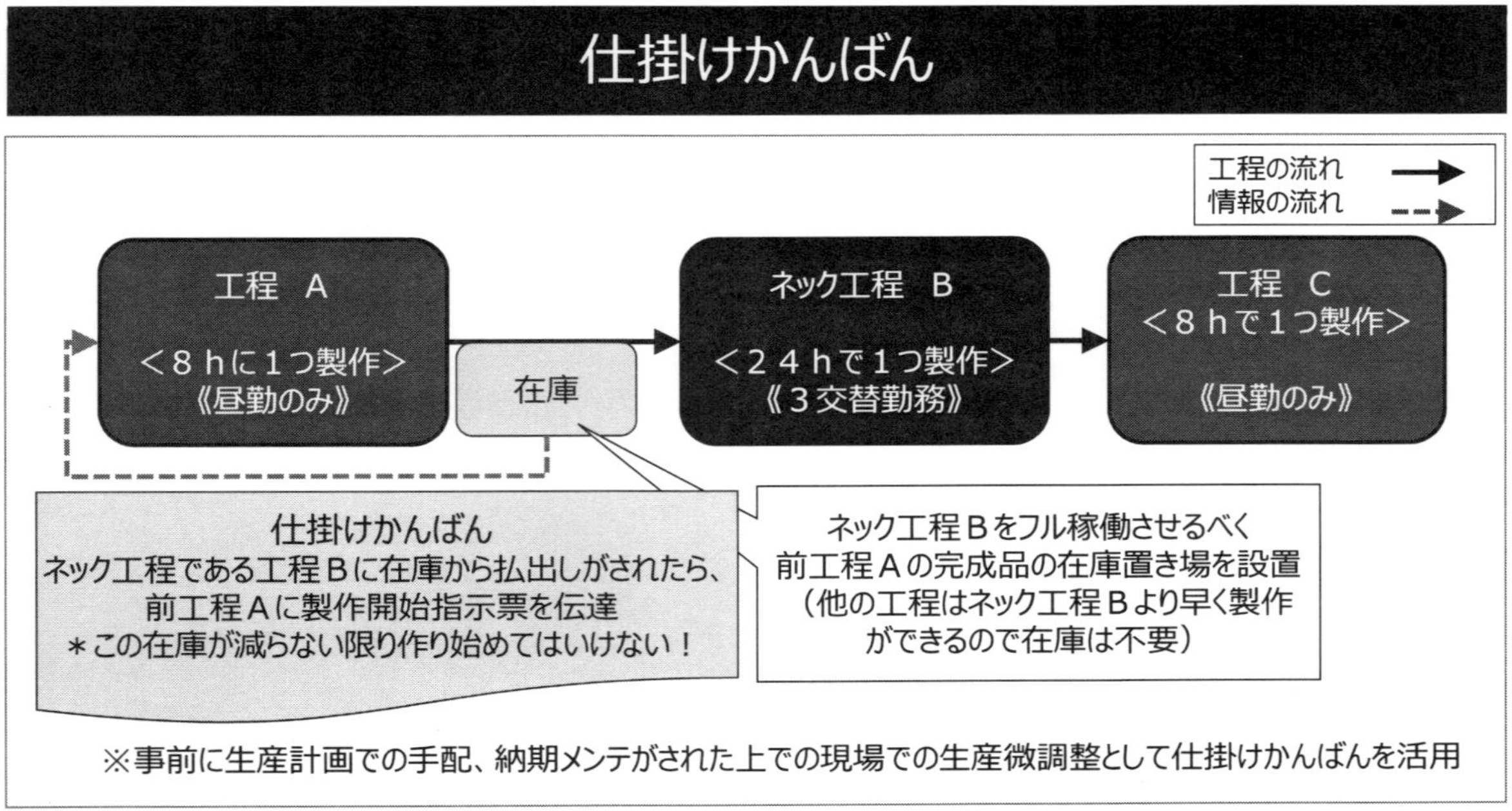
仕掛けかんばん
工程の流れ
情報の流れ
工程　A
＜８ｈに１つ製作＞
《昼勤のみ》
在庫
ネック工程　B
＜２４ｈで１つ製作＞
《３交替勤務》
工程　C
＜８ｈで１つ製作＞
《昼勤のみ》
仕掛けかんばん
ネック工程である工程Ｂに在庫から払出しがされたら、
前工程Ａに製作開始指示票を伝達
＊この在庫が減らない限り作り始めてはいけない！
ネック工程Ｂをフル稼働させるべく
前工程Ａの完成品の在庫置き場を設置
（他の工程はネック工程Ｂより早く製作
ができるので在庫は不要）
※事前に生産計画での手配、納期メンテがされた上での現場での生産微調整として仕掛けかんばんを活用

1-5-3-2-2　まとめ買い・まとめ製作は本当に得か？　～小ロットか？大ロットか？～

ジャストインタイムの考えに基づいた、必要な物を必要なだけ購入して製作する「小ロット生産」と、まとめて購入してまとめて作る「大ロット生産」とでは、どちらが良いと思いますか？どちらにも言い分があってディベートができそうなテーマかも知れません。

安い時にまとめ買いは当たり前のように実施されていると思います。作業者としても断然まとめて作った方が楽だと思われます。段取り替えも少なくて済み、同じ作業なので習熟度も上がり、早くて間違えが少ない作業になると思われます。

経営者目線ではいかがでしょうか？同時に大量提供しないとタイミングを逸してしまう学校給食や、最初に大量に提供することで先行者利益を獲得する半導体チップや、金型で大量に作らないと採算が取れない小額のネジなど、あるいは必ず大量に売れる見込がある殿堂入りをした商品でない限り、物が溢れ、環境の変化が激しい時代では、小ロット生産をオススメします。

安いからと**まとめて大量に購入**したり、作業者が生産性良く**まとめて大量に製作**したモノを、次の工程で受け取る能力がなければ、中間に**保管スペース**が必要となり、それを調整・移動・**管理する人**も必要となったり、購入の為の**金利**などが生じていたり、あるいは大量に処理すべく**特殊な大型の設備**が必要となったりします。このような**追加のコストが生じてトータルではコストメリットがなくなってしまう**ケースもあり得るためです。

また、まとめて購入又は製作するにあたって、**まとまったお金**がないと購入したり製作したりできず、**売れるまでお金が入ってこない**ため、**黒字倒産のリスク**が高くなります。更には、**市場環境の変化**や、製品の**モデルチェンジ**、あるいは**品質トラブル**の際に、大量に作ったモノを**ムダに廃却せざるを得ないリスク**もあり得ます。

一方、**小ロット生産**で、**売れるスピードで作っているのであれば保管倉庫が不要**となり、小まめに売上、入金がされるのであれば**資金繰りも安定**し、品質トラブル時のダメージも小さく、製品のモデルチェンジの切替え時も大量に在庫が残る心配がなくなります。

個別受注生産では、同じ製品がないことから自ずと小ロット生産のため、あまり問題にならないのでは?と思われた方もいらっしゃるかも知れません。確かに小ロットで一つずつ順番に製作していれば良いのですが、例えば溶接の作業だけをまとめて行ってしまうと、現場は**物で溢れ**返り、一見**忙しそうに見えて**も、他の作業が間に合っていないことから、**納期に追われる**事態になり兼ねないのです。

小ロット生産であっても、いくつもの案件を同時に現場に流すのではなく、**序列を決め、一つずつ作り切る**ことが棚卸資産やキャッシュフローの改善に繋がるのです。

1-5-3-1　計画通りに作ることは思いやり　～品質・納期を守るとは～

それなりの生産計画ができている工場において、棚卸資産が増加する要因は、部材の過早納入よりも、**完成が延期**してしまうことによる増加が多いのではないでしょうか?完成間近の大きな原価注入がされている状態でのズレは棚卸資産への影響は大きいです。

かといって最終工程の最終組立・最終試験工程だけが納期を守れていないのかというとそうではなく、最終組立の人達は客先への納期を死守すべく最後の砦として休みを返上してまでも対応頂いている場面が多いかと思います。それまでの工程の**しわ寄せが全て最終工程**に来ているのではないでしょうか？

駅伝において、最後のアンカーだけが頑張って勝てるわけではなく、最初の区間、次の区間、また次の区間と、それぞれの区間でのタスキを確実に時間内に渡していくからこそ勝てるものであって、誰しも自分だけ楽して走ろうと思っている人はいないと思います。私達はその想いのタスキを受け繋いで、それぞれの区間で自己ベストを目指して一生懸命走っている姿に心を打たれます。

会社の作業においても、最後の人が頑張れば良いのではなく、それぞれ与えられた担当が予定通りやり切るチームプレイが必要になります。客先への納期はまだ先だからとそれぞれの工程が余裕を食いつぶしてしまうと、最後の工程での余裕がなくなってしまいます。次回の計画で、更に余裕を持った間延びした計画にも関わらず、余裕を与えられた人はまた余裕を食いつぶして同じように最後は余裕がなくなってしまうことがよくあります。

それぞれの工程が遅れ遅れで、最後に一気に組立ているのだから、結果的に究極のジャストインになっているので棚卸資産は小さくなっているのではと思う方がいらっしゃるかも知れません。しかしながら製品の**約7割は材料費**であることが多く、この材料費は予定通りに入っていて、人の作業のコスト3割分だけが遅れている状況なのです。

そして工程が遅れると慌ててミスをしたり、充分な検査ができなかったりと、次の工程や最終工程で不具合が見つかり**後戻りの作業が発生**し更に遅れてしまうという事態になっているのではないかと思慮します。

完成が遅れてしまったプロジェクトについて、喉元を過ぎたからと原因究明を放置せずに、何故計画通りにできなかったのか**振返りが大切**だと思います。もちろん全てのプロジェクトではなく経営にインパクトがあった主要なプロジェクトだけでも良いと思います。そもそもの計画に無理があったのか？技術的な問題だったのか？技能の問題だったのか？部品メーカーの力量の不足だったのか？部門間の待ちの調整の問題か？計画通りに図面が出なかったのか？計画通りに作業要綱が出ていなかったのか？また**それは何故かそれは何故かそれは何故かと3回繰り返し、表面的な理由だけでなくその真因を究明**することが大切です。それをやろうとすると、犯人捜しは良くない、終わったことに対してやってもネガティブになるだけだからやめた方が良いと感情論で反論され、表面的な原因がわかっても、それはしかたがないよねと済まされてしまい真因にまで辿り着かず、また同じ失敗を繰り返すことが多分にあると思います。**ファクトは何か？できない理由に対して本当にそうなのか？**と粘り強く議論ができなければ、いつまでもその製品のリードタイムが短くなっていないと思われます。

工程の納期を守る、品質を守るということは、自分が困らないからいいやと手を抜かず、**下流に**

迷惑をかけたくない、下流に余裕を持ってバトンタッチしてあげるたいという思いやりがあるかどうかだと思います。

間接作業においても同様のことが言えると思います。決められた時間内にデータが提供されないと、次の作業が着手できず手待ちとなってしまう。報告会に間に合わなければ、報告会後に貰ってもただの古新聞でしかないです。間接作業は製品実現とは異なり、その場では、その情報・データがなくても何とかなる場面も多いですが、その時に作業しなかった、決定しなかったツケは、夏休みの宿題のように、後日何らかの同じような作業・決定をしなければならないことが巡ってきて、単に問題を先送りにしてしまっていることになっていることが多いと思います。製品のリードタイムが改善できていないのと同様に、社内の課題解決がされず会社が良くなっていないままであると思われます。

また課題解決がされず、延々と打合・検討ばかりをして結論を出さないのも、本人達としては、いっぱい打合をしたと、体を動かした感があるかも知れませんが、会社のお金（人的リソース）をいっぱい使って、決定するというアウトプット、付加価値のある働き・稼いだことにならないのです。

稼ぐとは、限られた時間（コスト）内にいかに要求されたアウトプットを出していくことだと考えます。アウトプットを出さない（決断をしない）という問題を先送りにする「時間稼ぎ」は、人件費という棚卸資産が積み上がって停滞したままの状態になっています。いつかアウトプットが出れば良いのですが、出ない場合はそのまま不良資産としてムダに廃却してしまっていることと同じなのです。

　個別受注生産において**納期が守れないことは**、**納期遅延の罰金**を支払うだけでなく、**お客様の信頼喪失**にもなり兼ねない問題に発展してしまいます。見込生産においても市場への投入が遅れれば、**先行者利益を獲得できず苦戦し、**設備投資回収ができなくなってしまうこともあり、**遅れが経営に大きなダメージ**を与えてしまう場面が多々あるかと思われます。

　限られた時間内にアウトプットを出さなければ稼ぎを得られない。在庫管理の余裕でも同様の言葉が使われることがあるのですが、「自分の安心、会社の危険」と言い、アウトプットを出さなかった**本人**としてはマイペースの仕事ができて**居心地がよく安心**だったかも知れませんが、**会社**としては大きなダメージを受け**危機**に瀕している場合があるということです。そういう**危機意識や、下流で困っている人を助けたい**という**思いやりを持つ**ことができれば、会社の**改善スピード**がもっと**向上**するのではないでしょうか？

工程を守ることは思いやり

・完成間近での完成遅れは棚卸増のインパクト大

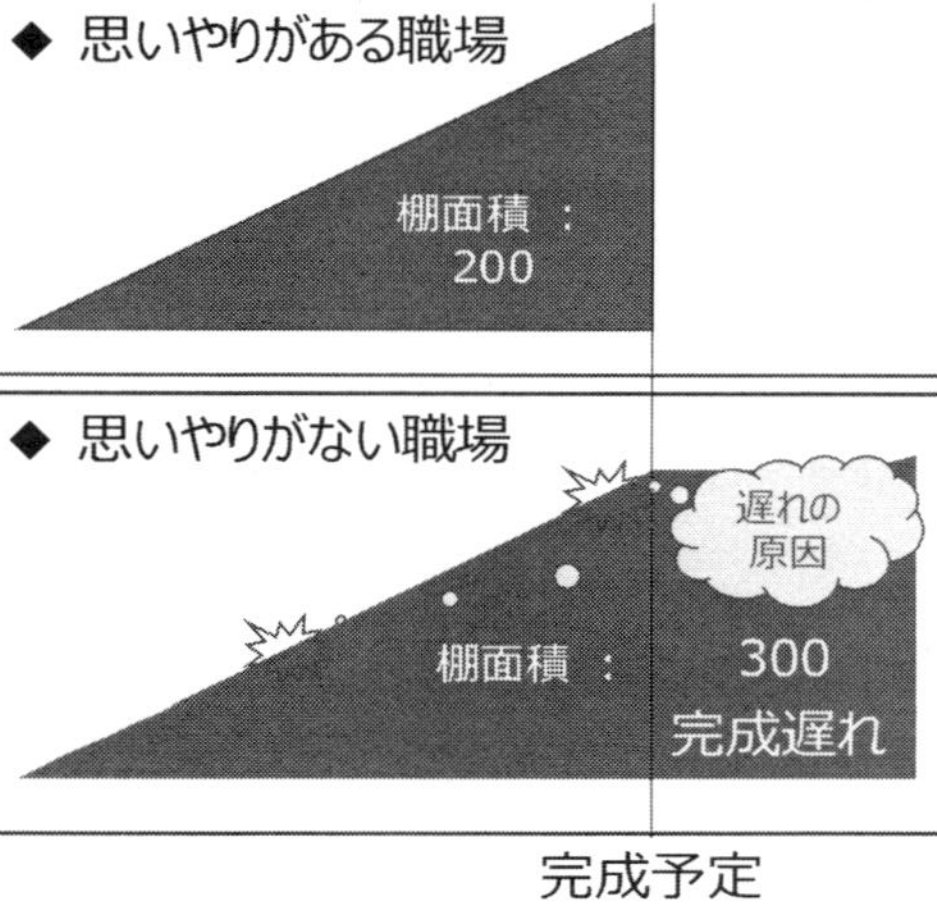

◆ 思いやりがある職場

：　良品を日限通りに次工程に渡す

⇒次工程・最終工程でも余裕をもって正確に作業

⇒予定通りに完成

◆ 思いやりがない職場

：　できなりの状態で日限守らず遅れて次工程に渡す

⇒次工程・最終工程でも余裕がなくバタバタと慌てて作業、確認チェック、後戻り作業増

⇒予定通りにできず完成遅れ

1-5-3-3-1　設備も定期健康診断を　～バスタブ曲線～

完成が遅延してしまった理由の一つに、加工・試験設備が故障してしばらく使えなかったからという理由もたまに見かけます。いつ壊れるかは確かに予測不可能なところはありますが、経年劣化した設備の老朽更新を計画的に実施することと、年間の定期点検、日常の定期点検により故障の予兆を察知し、未然に設備が稼働できなくなってしまうのを防ぐ必要があります。

設備を導入して最初は故障が多く、その後稼働が安定して、数年も経つと故障が頻発してくるという「バスタブ曲線」という考えがあります。生産が停止するリスクを考え、設備購入したばかりの時は生産計画に工程余裕を持ったり、日ごろから交換部品を常備しておいたり、老朽更新の予定を計画しておき、故障が頻発したら老朽更新の計画を前倒しされたりしてはいかがでしょうか。

バスタブ曲線（故障率曲線）

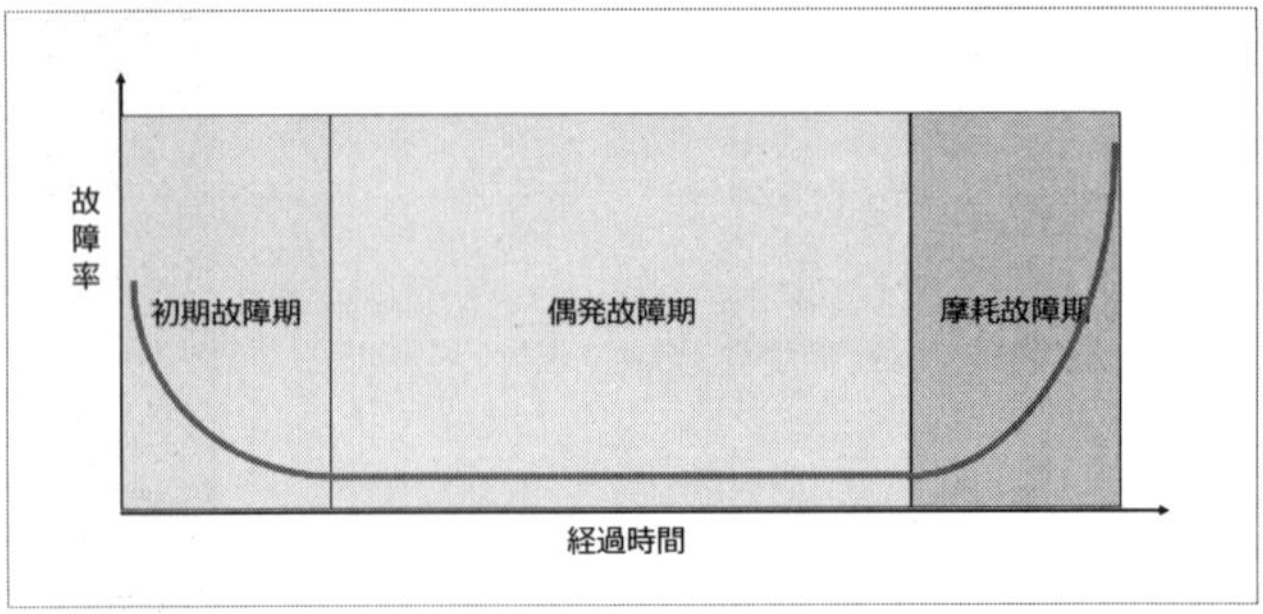

1-5-4 考えさせない・動かさないのが現場の生産性が最も良い状態

現場の生産性が一番良い状態は、作業手順が明確で**「考えさせない」**、部材や治工具を遠くまで歩いて取りに行かず**「動かさない」**で済む、作業に必要な部材及び治工具が手元に識別されて揃っていて物を**「探させない」**で済むのが最も現場の生産性が良い状態です。

モノづくりに関わる問題が**現場で表面化**するので、現場がいろいろと考えなければならないとなりがちですが、**問題の根源は、現場ではなく、上流に問題**があることが多いです。

上流部門にて、製造方法、生産量、安全性、品質を確保する仕組を考え、現場に提供する必要があります。

例えば、営業が客先と正式契約していない状態で製作指示を出し、でき上がる寸前に実は契約がキャンセルされていたと聞かされ作った製品がムダになったり、設計での図面変更が現場に伝わっていなく誤作をしてしまったり、調達部材が入らないまま着工指示がでるも部材が入るまで手待ちで何も作業ができなかったり、部材や治工具がどこにあるかわからず探し回っていたりなど、上流でのコミュニケーション不足による現場での混乱が大いにあり得るのです。

現場では、それぞれの置く場所を定義つけ、**必要な時に必要な物がすぐに取り出せて探すムダがない状態で整然と作業ができることを目的**にするのが良いです。**5S**（整理・整頓・清掃・清潔・躾）をし、安全にかつ探すムダ、後戻り作業とならないように、**今作業に必要な物以外は作業場に置かない**、使った**治工具は元の場所に戻す**ことを徹底させましょう。

そして、**現場は指示された通りのことを守り**製造しながらも、ムリ、ムダ、ムラに気づいて、**特に安全・品質については自分の身は自分で守る**ことを意識しながら、疑問があれば製造技術・設計・品質・生産管理要員など**上流部門に投げかけ即座に解決**してもらいましょう。そのＰＤＣＡを回し、**職場「カイゼン」**を進めて行くことにより、**労働災害及び不正を防止**していくのが良いです。

ムリな態勢から不安全な作業となり**怪我**をしたり、上流の情報が錯綜し納期が間に合わないことから**ムリにでも間に合せよう**と**手抜き工事**や**検査の省略**をし**品質不正**に繋がってしまうリスクを無くしていきましょう。

1-5-5　作り過ぎが一番のムダ

トヨタ生産方式では、現場での7つのムダ「加工、在庫、作り過ぎ、手待ち、動作、運搬、不良・手直し」の中でも**「作り過ぎのムダ」が一番のムダ**であるとしております。何故なら作り過ぎることにより在庫、動作、運搬の**他のムダを発生**させてしまうことと、物が溢れていると**問題が見えなくなってしまう**からです。

現場に物が溢れかえって、**忙しそう**に作業をしているのを見ると、あたかも仕事量が多く、儲かっているのかなと思いきや、**売上が**思ったよりも**増えていない**場合は、**棚卸資産が多く**なっているだけです。

どれだけ、あるいはどこまで作ったら良いかの指示が明確でないと、性善説で人は**良かれと思っ**

て、あるいはサボっていると思われたくないため、**今作る必要がない物まで余分に作ってしまいがち**です。「かんばん」や「その日の作業予定表」などにて、その日作る生産台数・作業範囲を明確にし、**必要な物を必要なだけ作る指示**をする仕組が必要となります。

そして**仕事がない時は、作業をさせず**に、掃除や、会議室で「カイゼン」を考える議論をして頂けたらと思います。その方が結果として儲かります。

1-6 品質を確保し、回転率を上げれば自ずと利益がでる

モノづくりにおいて、安全の次に大事なことは、品質を確保して、回転率を上げることによって利益を確保することです。最後に品質の範囲内でコスト削減という順番になります。

品質確保が重要なのは、例えば品質確保ができていないまま安い外注メーカーで作らせると、品質不良によるリコールでの損費拡大や、後戻りによる納期遅延による巨額の損害賠償が、事業そのものから撤退するほどの致命的な規模になってしまうリスクがあるためです。また直接品質不良を起こした外注メーカーでなくても、その商品を販売している自社の評判が悪くなり、その他の事業の営業活動にも影響してしまう恐れがあるためです。

第2章　設備投資管理でのお金の考え方とは

投資というとリスクのイメージを持たれる方もいらっしゃるかも知れません。労働と貯金だけをしていれば減る心配がないのを、投資をして下さいと言われたらお金が減ってしまうかも知れないと躊躇してしまう人もいるかも知れません。しかしながら実は、良い条件が整えば投資、更には借金の方が断然有利に稼ぐことができるのです。

例えば、あなたのお母さんから「お母さんはお仕事に出るので、お駄賃をあげるからあなたが家の掃除と買い物をお願いね」と頼まれたとしましょう。あなた自身も仕事に、遊びに忙しいので、掃除だけなら何とかやるよと答えて、1日千円のお駄賃を貰うことになりました。掃除で月3万円、年36万円稼げる見込となりました。

お母さんも働いた後に帰りにスーパーで買い物をして、料理してくれて大変だなぁ。でも自分の時間も減らしたくないなぁと思っていたところに、通販の宣伝で高性能の自動掃除機ルンルンが6万円で買えると知って、掃除はルンルンに任せてその時間に買い物に行こうと考えました。2ヶ月の掃除のお駄賃で貯めた6万円でルンルンを購入して、残りの10ヶ月、掃除と買い物両方をして60万円稼げる見込となりました。これが投資です。お手伝いの貯金だけでは36万円だったのが投資により稼ぎが60万円になったのです。

もし最初に、お母さんから6万円を借りてルンルンを購入し、最初の月から両方の家事をやっていたとしたら年72万円の稼ぎで、6万円を返済しても66万円と更に稼げたという計算になります。これが借金です。

というように、使い道が良い投資・借金であれば、相手も助かり、自分も稼げることがお判り頂けたでしょうか

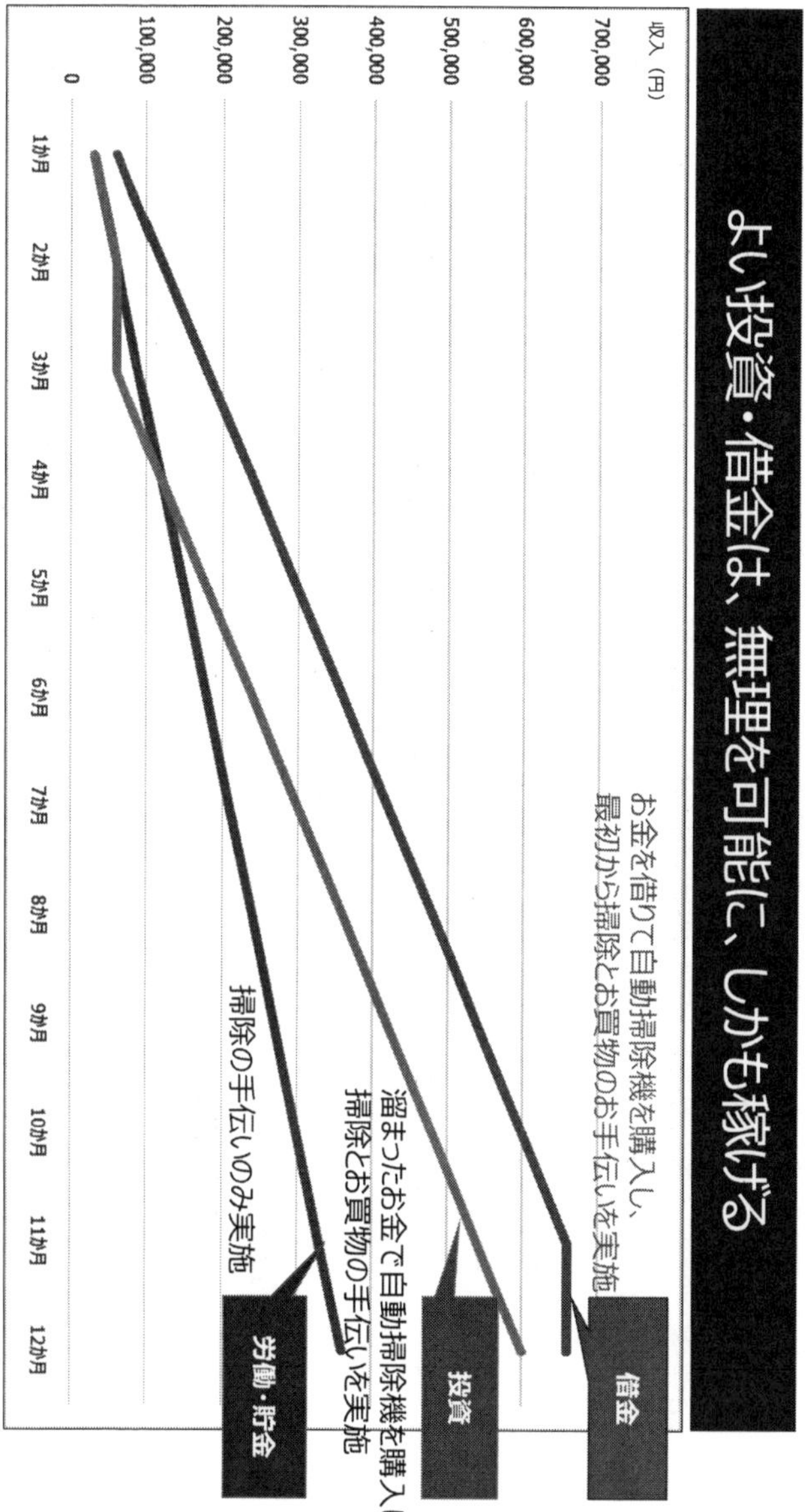
よい投資・借金は、無理を可能に、しかも稼げる
収入（円）
700,000
600,000
500,000
400,000
300,000
200,000
100,000
0
1か月
2か月
3か月
4か月
5か月
6か月
7か月
8か月
9か月
10か月
11か月
12か月
お金を借りて自動掃除機を購入し、
最初から掃除とお買物のお手伝いを実施
溜まったお金で自動掃除機を購入し
掃除とお買物の手伝いを実施
掃除の手伝いのみ実施
借金
投資
労働・貯金

2-1 設備投資回収計算とは

家庭においては、お母さんのお手伝いをしたいという理由だけでルンルンを購入しましたが、会社においては、購入した方が今より経済性が良くなるのかどうかを投資回収計算にて確認してから購入の手続きとなります。

最初は設備を購入してお金が出て行ってしまうのですが、その後に設備が稼働して利益を得てお金を回収していくことになります。ルンルンを6万円で買って、1ヶ月で6万円を稼げるようになったので、1ヶ月で投資回収ができたということになります。

2-1-1 実は、今の100円玉は来年110円の価値 ~現在価値とは~

最近日本も長いデフレを脱して、毎月のように生活必需品が値上がりを始めています。先月180円で買えていた物が200円に値上がりしたものもあります。今100円で買えた物が、明日も100円で買える保証がない状況になっています。

30年前に中小企業診断士の勉強をしていた時に、**現在の100円は、1年後の「将来価値」としては110円になります。**逆に**来年110円を、今年の価値「現在価値」にすると100円**になるという考え方を学びショックを受けた記憶があります。

さきほどのルンルンの場合は親からでしたので金利の話や現在価値の話は出て来なかったのです

が、会社での設備投資回収計算では、1年後に66万円の利益がでるならば、それを割引率10%の現在価値にすると60万円の利益として計算上評価するというものです。

ちなみにインフレ率について、アメリカ・ヨーロッパでは8%、日本でさえ2%、超インフレ国だと200%という驚異的なものであり、お金よりも資産価値がある物を持っていた方が良かったという歴史は新興国ではよくある話なのです。世界のお金持ちが価値が下がらないようなブランド物の腕時計を持っているというのがそういう話だそうです。

2-1-2 実は、資金調達は金利以上にお金がかかる ～ハードルレートとは～

ところでこの割引率10%とはどうやって決めているのでしょうか?

会社がお金を調達するのにもお金がかかります。株主あるいは銀行などからお金を調達するのですが、正しくは経理にて「WACC（加重平均資本コスト）」と呼ばれる計算式で資本コストと負債コストの加重平均から資金調達にかかる割引率を算出します。お金を貸す側の株主からは配当金を、銀行からはインフレも含めた利息を期待されますからそうした費用が調達コストとしてかかります。

また、設備投資においては、「ハードルレート」と言って、WACCに加えて、その事業自身のリスクや、投資先の国のリスクとして数%加味した割引率を設定します。

銀行からお金を借りる時は複利で借りることになります。住宅ローンで、借りたお金の倍の金額を返済しなければならないことを聞いたことがあるかも知れません。闇金で「トイチ」と言って10日で1割の利息を払えと契約をさせられた場合、10万円しか借りてないのに、10日後で11万円、100日後で倍以上の約26万円に返済額が膨れ上がってしまうものなのです。

2-1-3 実は、人類最大の発明は「複利」だった

相対性理論で有名なアルベルト・アインシュタイン博士が「**複利は人類による最大の発明**だ。知っている人は複利で稼ぎ、知らない人は利息を払う」と言われたのではないかと言われるほどで、「複利」の力は人類史上凄いものなのです。

アメリカの資産家達にとっては「複利」の考えは当たり前の話ですが、日本の労働・貯蓄を美学として親から言われ育ってきた私達にとっては、複利を意識し理解し行動している人は少なく、最近になって老後2000万円問題や新NISAの運用方法の中で、考え始めた人が増えて来たのではないでしょうか。

複利計算は1か月10%の場合、年間で単純に120%になるのではなく、1・1×1・1×1・1・・・と12回かけて313・8%になるという計算です。

2-1-4 実は、貯金・労働では倍増計画にならない

大富豪と聞くと、大体は資産として株や土地をたくさん所有しているイメージがありますが、た

だ所有しているだけではなくて、**お金に働いてもらっている**のです。

私達はお金があると、いっぱい贅沢ができる「お金＝消費、浪費」と思ってしまいますが、大富豪の方々は、**お金はすぐに使うのではなく、投資で増やしてから使う**。「お金がある＝投資に回して更にお金を増やして、**増えた分の範囲を消費に回す**」という思考らしいです。

例えば、日本でも有名芸人にもなった**厚切りジェイソン**さんは**不労収入**として、**米国EFT VMIへの投資**をオススメされたりしていますね。老後の2000万円不足問題を解決する手段の一つとして有効な考えだと思います。

ちなみに**貯金**（定期預金）で、お金を**2倍**にするには、**4万年**以上かかるらしいです。72を想定利回り（％）で割るだけ元本が2倍になるまでの年数を簡単に求められる「**72の法則**」というものがあります。

預金金利が0・002％として、貰える時には税金もかかるので20％を差し引いて、72÷（0.002×（1－20％））＝4万5千年という結果になります。

一方投資では、高配当率**5％**の株を持ち続けたとして、同様に税金20％を差し引いて、72÷（5×（1－20％））＝18**年で良い**こととなり、18年で株価も上昇していると2倍以上貰える可能性も高いと思われます。

もっと言いますと、フランスの経済学所の**トマピケティ**さんは、「**労働**」**よりも**、「**投資**」の方が**成長率が早い**、「r（**不労所得で得られる収益率**）＞g（**経済成長率**）」と言われましたが、ここ20

年間の日本の株価上昇率は306・3％（2003年8000円→2023年32500円）＞20年間の日本の経済成長名目GDPの上昇率は13・5％（2003年524兆円→2023年595兆円）で事実であると言えますね。

また日本の税制についても、**「1億円の壁」**と言われ、年収1億円までは所得に応じて所得税率が（5％～45％へと）高くなり、1億円を超えると45％でフラットになるとのこと。一方、株の売却益の税率は20％であることから、株での収益の割合が大きい人ほど実質の税率は下がっていくというものであります。大体の大富豪は株も運用されていると思われ、年収1億円を超えた人ほど税金が優遇されると言われる所以です。

日本で年収1億円以上の人は、約23000人（2021年データ）とのことで、これは国民の0・02％、労働人口のうち0・04％とのこと。言い換えると2725人に1人とのこと。株・為替のトレーダーの方がほとんどだそうですが、サラリーマンですと1万人に1人程度とのことですので、大企業の役員になれれば、なれるかも知れないですね。

年収ではなくお金持ちについては、青汁王子こと三崎　優太さん曰く、キャピタルゲインとして、会社を売却した人であるとも言っていますので起業をするのも良いのかも知れません。

2-1-5　実は、メンタルも複利で効いてくる

「複利」というものが、お金だけでなく、肉体やメンタルについても同様に適用されているので

はないかと思います。

スーパーで1ℓの牛乳を手に取って買い物かごに入れることは大して辛くないですが、スーパーから15分離れた家まで持ち続けると辛いなぁと感じたりしませんでしょうか？

これは負の気持ちでも同じことが言えると思います。嫌なことを長い時間思い続けていると気持ちも壊れてしまいます。会社でも社会でも誹謗中傷を受け続けて耐え切れず尊い命を絶たれてしまった方を思うと本当に残念でならないです。

実は、そうした方々の犠牲もあり、私は生かされて来ました。私が何度かパワハラを受け「長く我慢し続けたらダメだ、嫌だと言ってもいいのだ」、「嫌なものから逃げてもいいのだ」と思うことができたので、死なずに今日まで無事に生き残ることができました。

疲労も不快なことも「一旦荷物を置く」、一旦気持ちをリフレッシュして、身も心も元の健康の状態に戻ってから再出発をすれば良いのです。長い人生一旦休んでも大したことはないのです。

2-1-6 実は、得していると思っていても損している ～ディスカウントの罠～

「安いよ、安いよ」と店頭のお店でも、ＢｔｏＢのビジネスでも、在庫一掃バーゲンセールのようなものがあります。確かにディスカウントされた物は通常よりはお得ですが、必要以上のまとめ買いは必ずしも得でない場合があります。買ったものの消費期限が来て捨てるだけになってしまったり、あるいは長い目では最終的に使えたので損はしなかったと思い込んでいても、実は、金利などを考えると損をしていたというケースもあり得ます。

例えば機械装置の予備品を30％ディスカウントで買って、安い買い物をしたと満足していても、実際に交換したのは10年目だった場合に、会社の資金調達の為のハードルレート（割引率）が8％の場合、先ほどの72の法則（72÷8＝9）では9年となり、半額以下で購入していないと損をしたという評価となります。欧米の金融に強い会社では、この現在価値、複利の考えが浸透しており、バーゲンセールをしてでも今ある在庫を売り切ることが、会社の収入に貢献するということが理解されているのです。

2-1-7 実は、利益が出ていても倒産 ～黒字倒産とは～

会社の数値は、売上から原価を引いた粗利益や、営業利益などの利益の数値がわかりやすいので、とかく利益を追い求めがちですが、実際の儲けは、諸々支払った後のキャッシュフロー・現金が増えているかどうかを見ていく必要があります。ある時、借り入れができなく、取引先への支払ができないという手形の不渡りを出してしまうと、いくら利益が出ていたとしても、この先更に利益が出ますと言っても、ゲームオーバー・倒産となってしまいます。大儲けをしようと大量に材料を買って売れるまでに時間がかかる場合は要注意です。トヨタ生産方式での売れるタイミングで「必要な時に必要なだけ買う」ことや、お客様から、前金を貰えるのであれば、貰う契約にして黒字倒産のリスクを下げる必要があります。

第3章　I2理論

3-1　I2理論とは

I2理論の「I2」とは、I（Inventory 棚卸資産）×I（Investment 投資）の相乗効果を表しています。棚卸資産の累積コストカーブと複利計算を融合させた理論です。

単なる1次的なコストだけでなく、**時間軸**や、**ハードルレート**の**複利**を考慮した**キャッシュフロー**の方が実態の儲けに近いのではないかと唱えている理論です。

その考え方を会社の業務や人生にも発展させた理論にもなっています。

『累積コストカーブ（**コスト×時間**）×**ハードルレート（複利）**』を、会社の業務では『**作業×スピード×意欲（メンタル／付加価値）**』、人生では『**体験×年月×意欲（人間力）**』に発展しております。

3-1-1　I2理論というイノベーション　～イノベーションとは～

イノベーションと聞くと目覚ましい技術革新をイメージされる方も多いかも知れませんが、この言葉は、経済学者のシュンペーターが言い始めたもので「非連続な変化の新結合」がイノベーションであるとのこと。すなわち、今までの業務、商品に何かしらプラスαを新結合して非連続な別のものができればそれはイノベーションなのです。あなたの得意な仕事に何かをプラスできないかを考えてみてはいかがでしょうか。

そうは言ってもイノベーションがすぐに思い浮かぶこともなかなかないので、まずは「×（掛け合せ）」として異業種の人とのコラボレーションをしてみると、あらたな気づきがあるかも知れません。

I2理論は、日本のトヨタ生産方式の強み×西欧の投資管理の強みとのコラボレーションから産まれた考えとも言えるかも知れません。

3-1-2 本当の損益とは？ ～営業利益・原価計算とI2理論～

本当の損益とはと仰々しく書いてしまいましたが、営業利益に**時間軸**や、**金利等**も考慮した**キャッシュフロー**の方が、黒字倒産にならないよう損益及び資金の状況も管理ができているのではないでしょうか。また、**収入**や**原価**の時間軸に**ハードルレート**を掛け合せて**評価を**した方が、より事業判断にふさわしいと思いませんでしょうか？

3-2 I2理論の実践

収入、原価の時間軸にそれぞれにハードルレートを掛け合せて評価したものがI２理論での収支評価となります。

例えばコストが80万円の製品を製作しようとして、80万円あれば良いかなと思い銀行から80万円を借り入れ、製作を開始しました。

ところが、実際には銀行に支払利息（３％）も含めると82万円必要であることがわかりました。

更には、株主から配当金の支払を強く要求され、銀行への利息と配当金合せて（10％）の支払で89万円必要であることが後から気づくことになりました。

銀行からの追加融資を得られないと売上を前に事業をたたむことになってしまうかも知れません。

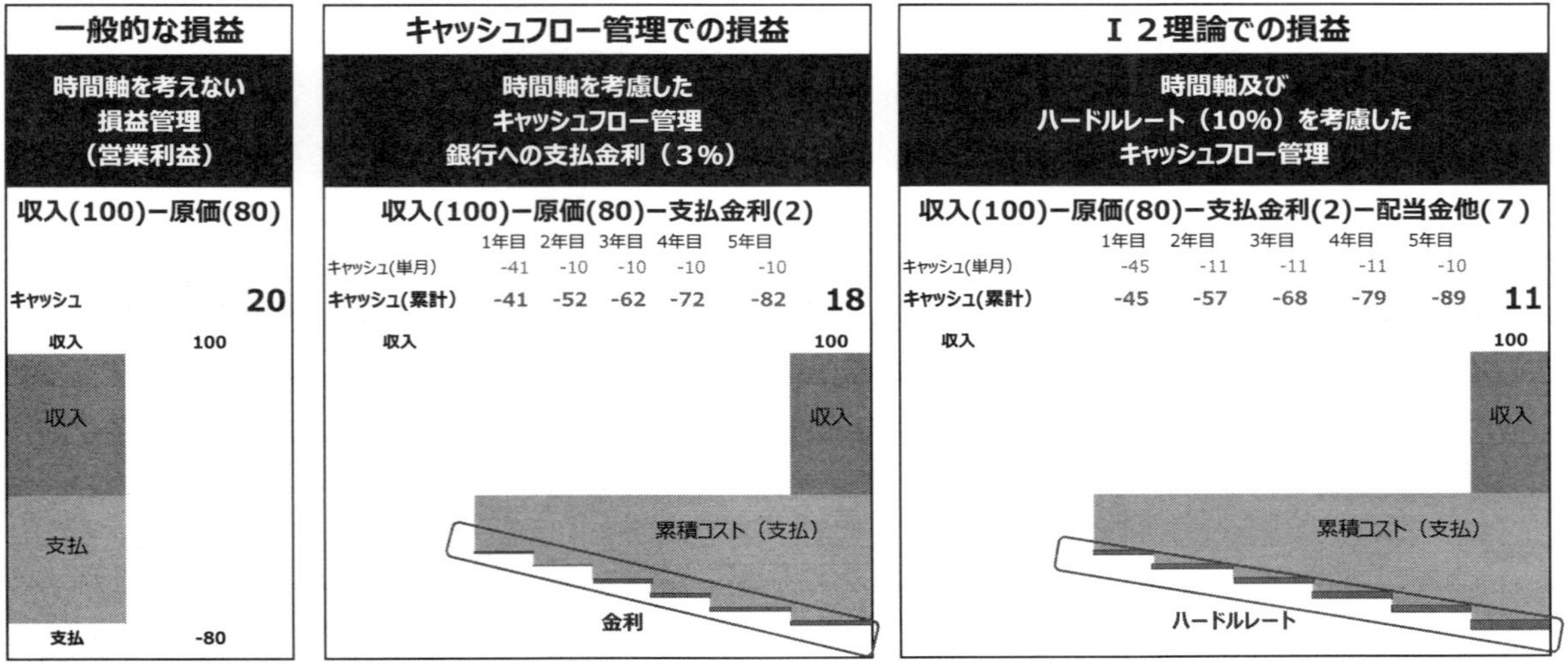
一般的な損益
時間軸を考えない
損益管理
（営業利益）
収入(100)ー原価(80)
キャッシュ 20
収入 100
収入
支払
支払 -80
キャッシュフロー管理での損益
時間軸を考慮した
キャッシュフロー管理
銀行への支払金利（3%）
収入(100)ー原価(80)ー支払金利(2)
1年目 2年目 3年目 4年目 5年目
キャッシュ(単月) -41 -10 -10 -10 -10
キャッシュ(累計) -41 -52 -62 -72 -82 18
収入 100
収入
累積コスト（支払）
金利
I 2理論での損益
時間軸及び
ハードルレート（10%）を考慮した
キャッシュフロー管理
収入(100)ー原価(80)ー支払金利(2)ー配当金他(7)
1年目 2年目 3年目 4年目 5年目
キャッシュ(単月) -45 -11 -11 -11 -10
キャッシュ(累計) -45 -57 -68 -79 -89 11
収入 100
収入
累積コスト（支払）
ハードルレート

3-2-1 受注契約でのI2理論計算 ～キャッシュ負けしない契約～

それでは具体的なI2理論での収支評価事例として、受注契約時の評価事例を紹介します。お客様からの入金、及び取引先への支払に対してどのような計画にすれば自社にとって実質損益（キャッシュフロー）が有利となるかを一緒に考えてみましょう。

事例としましては、製品価格が100百万円で、コストが80百万円、営業利益が20百万円、製作に5年かかるA案件を受注しようと検討しているところを想定して下さい。尚、ハードルレートは10％です。

まずは、お客様及び取引先から言われるがままのケースです。

お客様からは5年後に納品してからの支払で良いですよねと言われ、取引先からは、合計80百万円のうち、最初に素材購入の30百万円の前金を支払って頂き、その後毎月10百万円、完成時に残りの金額の支払でお願いしますと言われました。

この場合の**営業利益は20百万円**ですが、5年後の将来価値に評価替えした場合のハードルレートを考慮した**実質の損益評価額**は、取引先への前金の支払により**12・7百万円**と63・5％も目減りした利益となってしまいます。（お客様からの収入：100百万円、取引先への支払：87・3百万円）

案件受注時のハードルレートを考慮したキャッシュフロー管理
＜お客様、取引先から言われるがままの場合＞

ハードルレート **10.0** %

単位：百万円

◆ 客先からの収入（入金）

収入額					100
収入額累計	0	0	0	0	100
ハードルレート	13.3%	12.1%	11.0%	10.0%	
支払額（ハードルレート評価）	0.0	0.0	0.0	0.0	100.0
収入額累計（ハードルレート評価）	0.0	0.0	0.0	0.0	100.0

営業利益
20.0

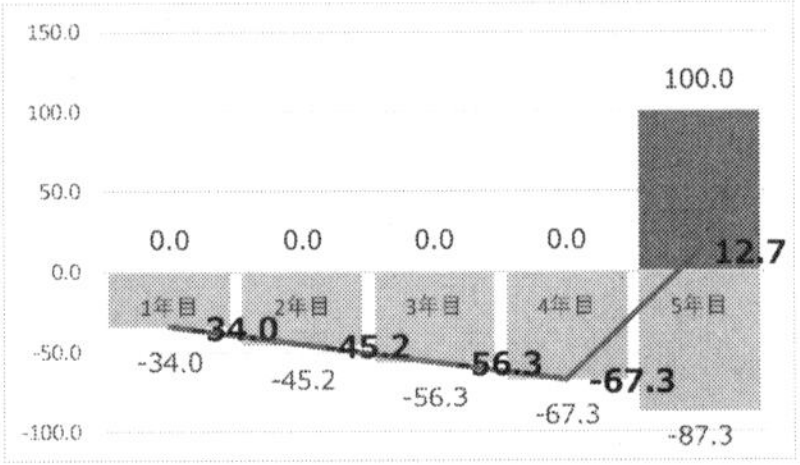

◆ 取引先への支払（出金）

支払額	-30	-10	-10	-10	-20
支払額累計	-30	-40	-50	-60	-80
ハードルレート	13.3%	12.1%	11.0%	10.0%	
支払額（ハードルレート評価）	-34.0	-11.2	-11.1	-11.0	-20.0
収入額累計（ハードルレート評価）	-34.0	-45.2	-56.3	-67.3	-87.3

実質損益
12.7

一方、お客様と取引先に対して、キャッシュフローの観点から、自社が優位となるよう交渉をした場合での実質損益を確認してみましょう。

お客様に対しては、手付金として最初に30百万円を前金として頂きその後も毎年10百万円を頂くこととし、納品時に残りをお支払頂くことで交渉、取引先に対しては、完成時に一括支払をすることで交渉しました。

この場合、**営業利益は20百万円**ですが、5年後の将来価値に評価替えした場合のハードルレートを考慮した**実質の損益評価額**は、お客様からの前金取得により**27・3百万円**と136・5%もアップした利益となります。（お客様からの収入：107・3百万円、取引先への支払：80百万円）

これが原価計算では1マイナス1が0となるものが、I2理論では0ではなく、マイナスになったり、プラスにもなったりするというものです。

案件受注時のハードルレートを考慮したキャッシュフロー管理
<お客様、取引先との交渉後の実質損益評価>

ハードルレート **10.0** %

単位：百万円

◆ 客先からの収入（入金）

収入額	30	10	10	10	40
収入額累計	30	40	50	60	100
ハードルレート	13.3%	12.1%	11.0%	10.0%	
支払額（ハードルレート評価）	34.0	11.2	11.1	11.0	40.0
収入額累計（ハードルレート評価）	34.0	45.2	56.3	67.3	107.3

営業利益
20.0

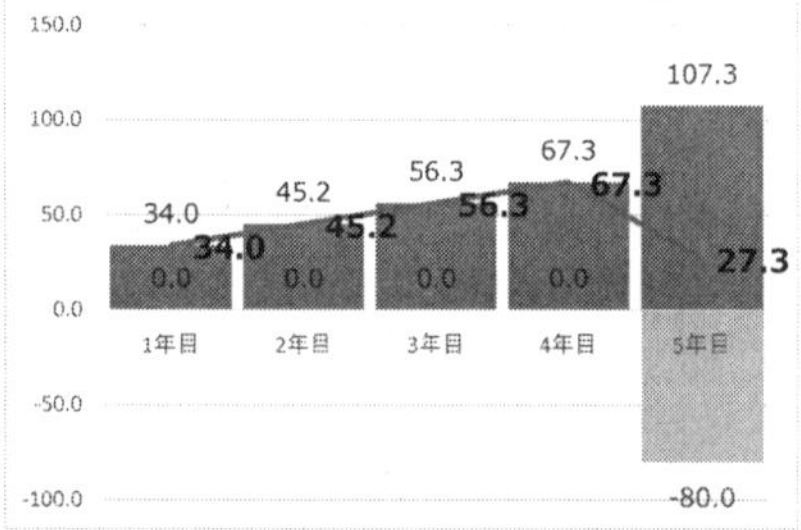

◆ 取引先への支払（出金）

支払額					-80
支払額累計	0	0	0	0	-80
ハードルレート	13.3%	12.1%	11.0%	10.0%	
支払額（ハードルレート評価）	0.0	0.0	0.0	0.0	-80.0
収入額累計（ハードルレート評価）	0.0	0.0	0.0	0.0	-80.0

実質損益
27.3

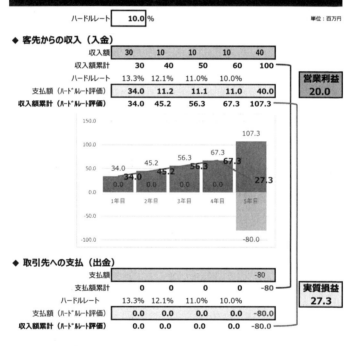

3-2-2 調達契約でのI2理論計算 ～キャッシュに基づくCR要求～

次に、調達の取引先との契約時又は、契約後の変更交渉でのキャッシュに基づくI２理論での評価を一緒に考えてみましょう。

１つ目は、取引先から支払の前倒し要請があった場合にＣＲ（コストリダクション）要求をいくら請求するのが妥当かというものです。

事例として、製品価格が１００百万円で、製造リードタイムが5年間かかるもので、当初は完成時に１００百万円をまとめて支払う契約となっていました。

今回取引先より、当面の資金繰りが苦しいので急遽前金として50百万円を支払ってもらう契約に見直ししてもらえないかという打診がありました。

この場合に交換条件としていくらのＣＲ要請をすべきでしょうか？　自社のハードルレートは10％です。

本来5年後に支払えばよかった50百万円を、５年前倒しして支払うことによる10％複利での利息分

▲６・７百万円以上のＣＲを要求することが望ましいです。

支払時期変更による調達ＣＲ/ＣＵ交渉
＜調達支払計画シミュレーション＞

■ 取引先からの支払前倒要請時の最低調達ＣＲ交渉

ハードルレート 10.0 %　　　　単位：百万円

◆当初の取引先への支払計画

	1年目	2年目	3年目	4年目	5年目
支払計画	0.0	0.0	0.0	0.0	100.0
ハードルレート	13.3%	12.1%	11.0%	10.0%	
ハードルレート考慮 支払額	0.0	0.0	0.0	0.0	100.0
ハードルレート考慮 支払額累計	0.0	0.0	0.0	0.0	100.0

◆支払前倒し要請の取引先への支払計画

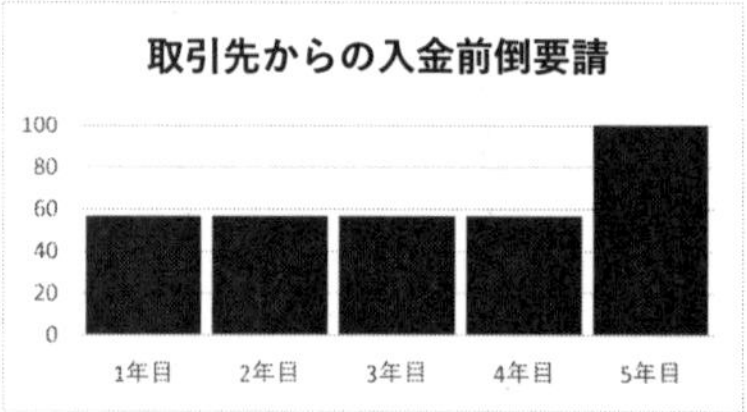

	1年目	2年目	3年目	4年目	5年目
支払計画	50.0	0.0	0.0	0.0	50.0
ハードルレート	13.3%	12.1%	11.0%	10.0%	
ハードルレート考慮 支払額	56.7	0.0	0.0	0.0	50.0
ハードルレート考慮 支払額累計	56.7	56.7	56.7	56.7	106.7

◆取引先への最低限調達ＣＲ要請額　　-6.7 以上

2つ目は、逆に我が社の資金繰りが苦しいため前金を払えない場合のコストアップをいくらまで許容するかというものです。

事例として、契約時に、初年度に手付金として50百万円を支払、翌年からは毎年10百万円支払、完成時に残額を支払う条件になっていたものを、当社の資金繰りが苦しくなったことから全額完成時に延期の申し入れをしたところ、取引先から手数料をいくらか渡してくれるのであれば良いという話となり、いくらまでなら渡すことが妥当でしょうか？

全額5年後の支払で良くなった各年の10％複利の利息分の＋10百万円アップまでなら許容できる範囲額となります。

■ 取引先への後倒し支払依頼時の調達ＣＵ交渉

ハードルレート 10.0 %　　　　単位：百万円

◆当初の取引先への支払計画

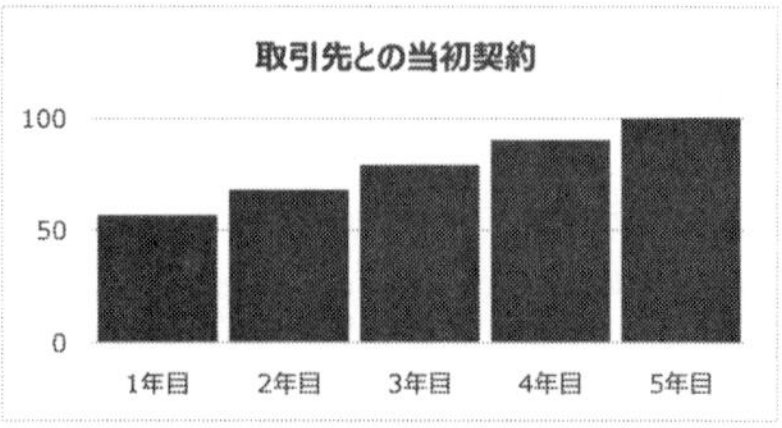

	1年目	2年目	3年目	4年目	5年目
支払計画	50.0	10.0	10.0	10.0	20.0
ハードルレート	13.3%	12.1%	11.0%	10.0%	
ハードルレート考慮 支払額	56.7	11.2	11.1	11.0	20.0
ハードルレート考慮 支払額累計	56.7	67.9	79.0	90.0	110.0

◆支払前倒し要請の取引先への支払計画

	1年目	2年目	3年目	4年目	5年目
支払計画	0.0	0.0	0.0	0.0	100.0
ハードルレート	13.3%	12.1%	11.0%	10.0%	
ハードルレート考慮 支払額	0.0	0.0	0.0	0.0	100.0
ハードルレート考慮 支払額累計	0.0	0.0	0.0	0.0	100.0

◆取引先への許容調達ＣＵ額　　**10.0 以内**

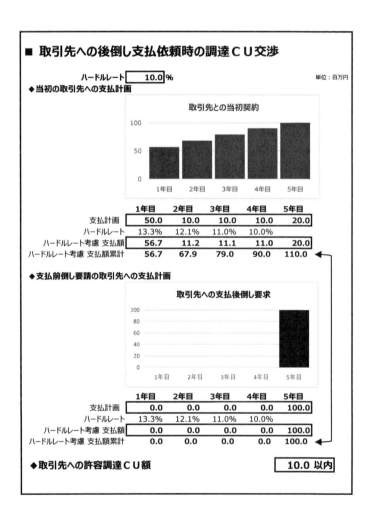

3-3 I2理論の考え方 ～業務・人生への適用～

I2理論は「**累積コストにハードルレート分の利息が上乗せ**」されるという考え方です。

この考え方を、**業務**に当てはめると「**作業＋意欲**」となります。

やらなきゃならないことをやらなきゃ、やらなきゃと思いながらもやらないままでいると、モヤモヤした気持ち、フラストレーションが溜まり、長期化すればするほど意欲が低下していく感覚を持ったことはないでしょうか？

すぐにできることはすぐにやっておくとスッキリしませんでしょうか？後から何かやるべきことあったけどなんだったかな？と思い出せないモヤモヤからも解放されます。

また作業について、同じ作業を何度も繰り返していると自ずと習熟度が増します。それゆえ「**作業＋付加価値**」とも言えると思います。

続いて、この考えを**人生**に当てはめると、嫌なことについては、「**嫌なこと＋メンタル**」に、一方で楽しいことであれば、逆に「**やりたいこと＋モチベーション**」になります。また人生様々な体験をすることにより人間として成長することから「**体験＋人間力**」になるとも言えると思います。

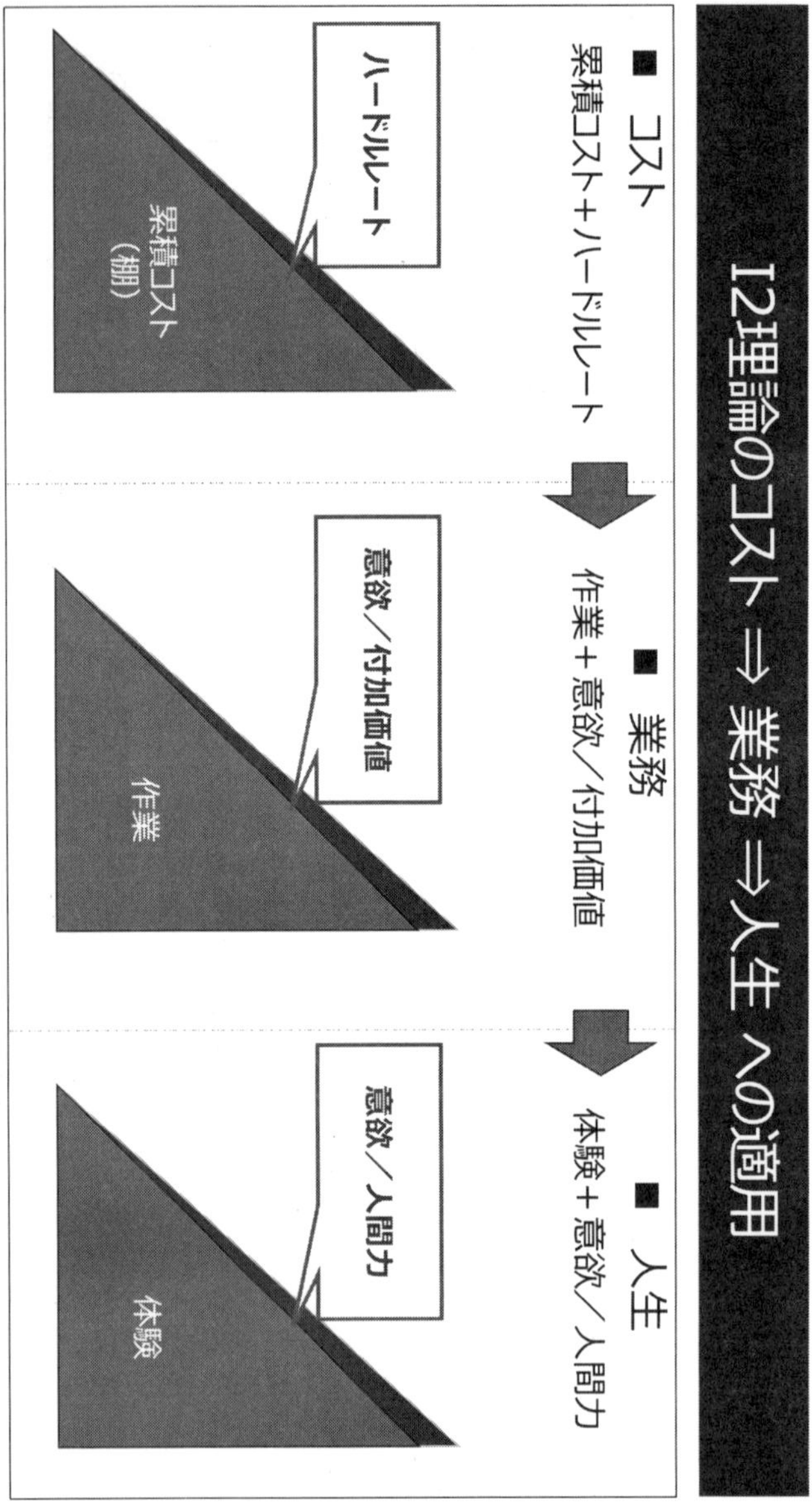
I2理論のコスト ⇒ 業務 ⇒人生 への適用
■ コスト
累積コスト＋ハードルレート
ハードルレート
累積コスト
（棚）
■ 業務
作業＋意欲／付加価値
意欲／付加価値
作業
■ 人生
体験＋意欲／人間力
意欲／人間力
体験

3-3-1 Ｉ2理論の業務・人生への適用（フラストレーション／メンタル（意欲低下））

業務を依頼して対応が早いことは、自分だけでなく上司にとっても気持ちが良いことです。

逆に対応が遅いと、その間、上司はあなたの対応を待っている状態が続いてしまっており、モヤモヤとフラストレーションが溜まっていってしまいます。

気の短い上司なら、俺の言ったことを無視しているのか？無視するならこいつにはもう期待しないと、あなたの評価、信用が落ちてしまうかも知れません。

また、自分にとって難易度が高い業務は、やらなきゃと思いながらも、どうやろうかと悩んで時間が経てば経つほど、やらないで済む言い訳を無駄に考え自分を正当化しようとしてしまいがちです。

この場合、悩むぐらいであれ、早めに上司に、何故この業務をやらなければならないのか？やらないとどうなるのかを確認し、やることにより会社が良くなるのなら、自らこの業務をやりたいというモチベーションを上げて、どういう段取りで進めたら良いかを相談しましょう。

言い換えると、管理職になりたい人であれば、日ごろからどの業務に対しても、**何の目的の為に**やっているのかを認識し、**実行しなかった場合のリスク**がどの程度あって、どうやって解決していくのか**道筋を立て**てから作業に取り掛かる癖をつけて行きましょう。そして**場数を踏めば踏むほど、**解決の為の**知識と人脈が広がる**と同時に、今回のケースはこないだの**パータンで対応**できそうだという**直感が働く**ようになります。

おそらくどの会社でも人員、人財不足で、労働時間に制約があることから管理職自らが、様々なプロジェクトを抱えているプレイングマネージャーになっていることが多いと思います。管理職になりたいという志が高い人は、多忙な上司に対して、どうしましょうではなく、**どうしたいかを伝え、このやり方で良いのかYES／NOの判断とそう判断した理由を仰ぐ程度**にしてあげる**「思いやり」**があると良いです。

正直上司は、部下からの**提案内容のレベル**と、その後の実際の**行動**と**アウトプット**を見て、この部下がどこまで**深く考え実行力**があるのかを見ています。どうしましょうか？と聞いてくる**指示待ち人**の部下に対して、まだまだ自分で決めて**責任が取れる**管理職になれる**レベルに達していない**なと思ってしまうのです。

もし、あなたがそうした提案も出来ていて、他部門からも素晴らしいと言われるアウトプットを出し続けているにも関わらず、評価をしてくれない上司であれば、その上司から離れることをオススメします。いつの時代でも自分のことしか考えていない残念な上司が一定数いることは時代劇でも刑事ドラマでもよくある話だと思います。

話が少し脱線してしまいましたが、「やるべきこと（作業）＋フラストレーション（意欲低下）」を人生に当てはめると、**「嫌なこと（体験）＋メンタル（意欲低下）」**になります。第2章の複利のところでも触れましたが、自分の人生にマイナスになるようなことをムリして続けているのであれば、それは最初は軽いものでも長く持ち続けていると加速度的に重くなっていくので、心や身体が壊れる前に、一旦立ち止まり荷物を置いて良いです。自分の心や身体を犠牲にしてまで真面目に対応する必要はないです。嫌な行為であったり、嫌な人から離れましょう。

メンタルでやられているときは自暴自棄となり正しい判断ができなくなってしまっていますので、充分に休養を取り平常心で判断できる状態になってから大きな決断をしましょう。私自身も上司からパワハラを受け、「この上司とはもう一緒に仕事をしたくないです。私をどこか関連会社にでも飛ばして下さい」と自暴自棄となり、信頼できるその上の上司にメールをしてしまいました。その後、見ている方は見て頂いているもので、関係会社ではなく、そのお方がいる本社に招き入れて頂き、活躍することができ感謝しかないです。

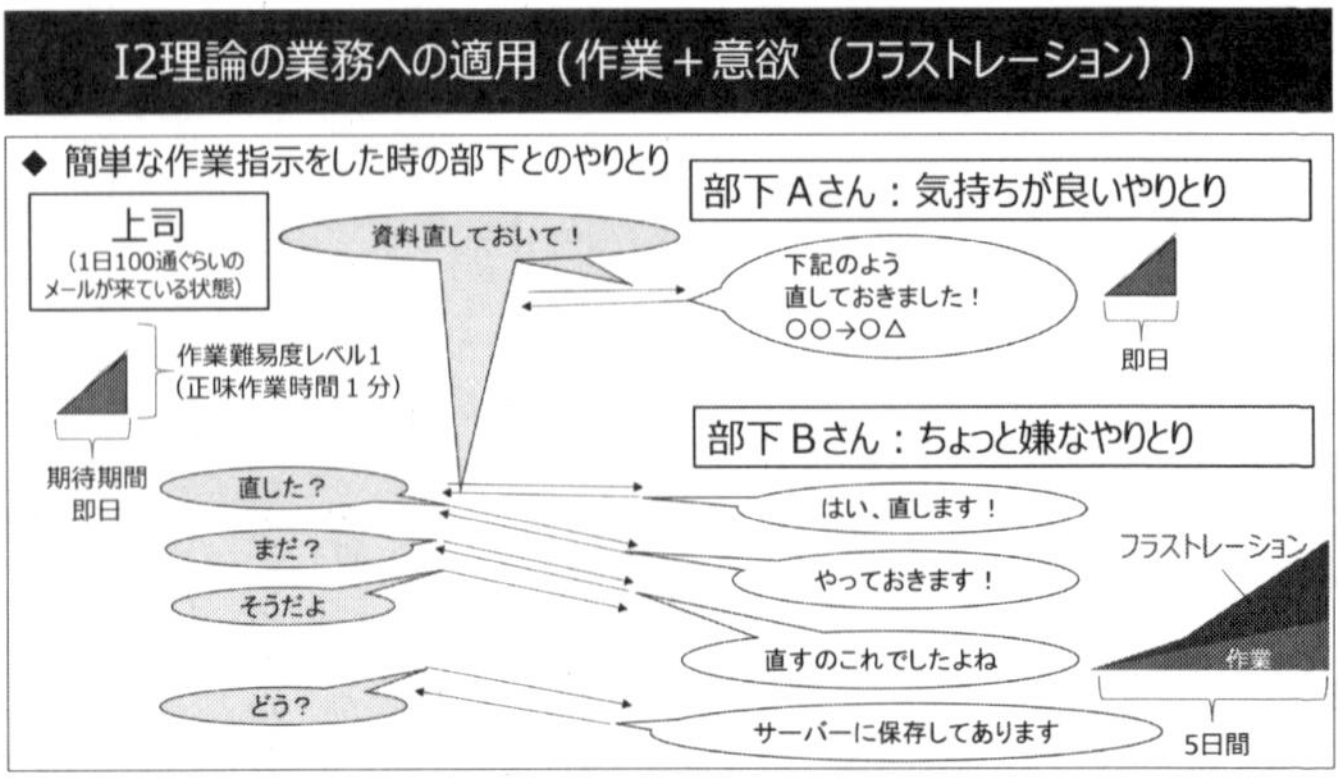
I2理論の業務への適用（作業＋意欲（フラストレーション））
◆ 簡単な作業指示をした時の部下とのやりとり
上司
（1日100通ぐらいのメールが来ている状態）
作業難易度レベル1
（正味作業時間１分）
期待期間
即日
資料直しておいて！
部下 Aさん：気持ちが良いやりとり
下記のよう
直しておきました！
○○→○△
即日
部下 Bさん：ちょっと嫌なやりとり
直した？
はい、直します！
まだ？
やっておきます！
そうだよ
直すのこれでしたよね
どう？
サーバーに保存してあります
フラストレーション
作業
5日間

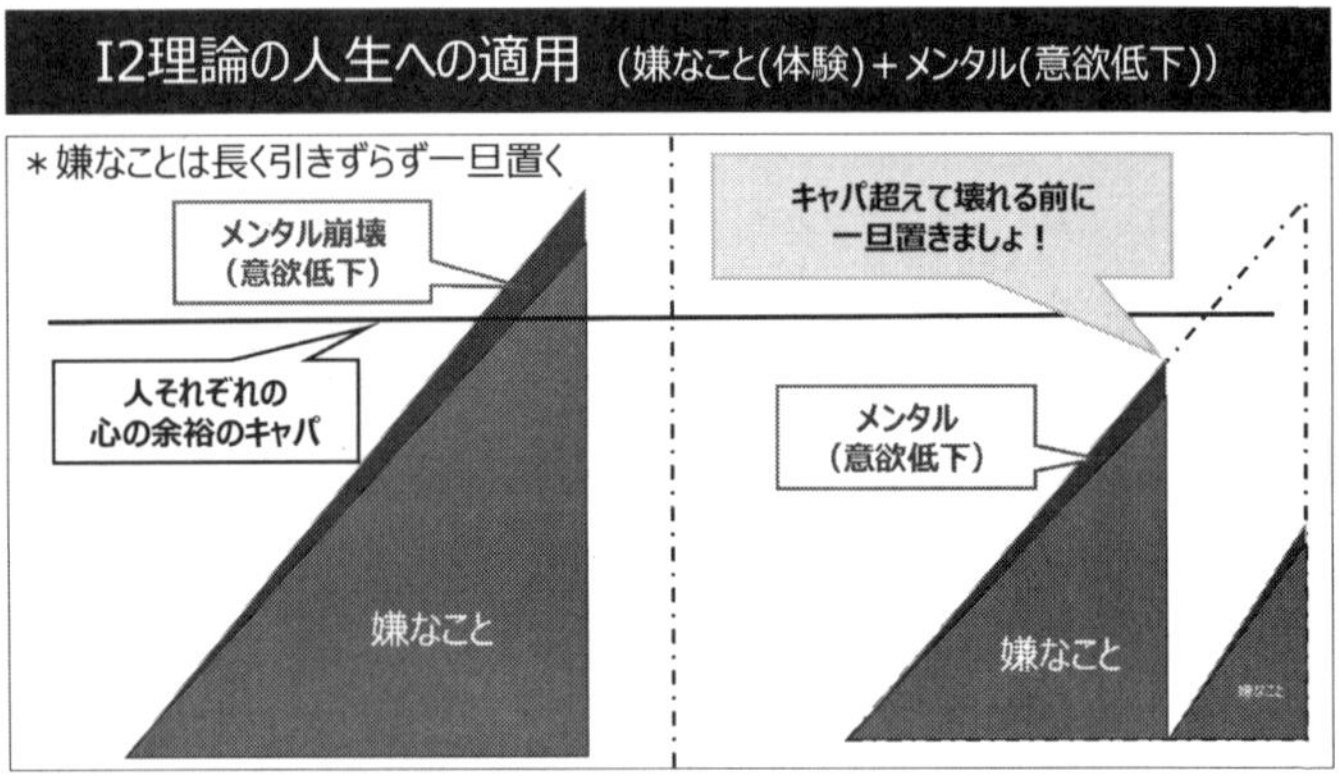
I2理論の人生への適用（嫌なこと(体験)＋メンタル(意欲低下)）
＊嫌なことは長く引きずらず一旦置く
メンタル崩壊
（意欲低下）
人それぞれの
心の余裕のキャパ
嫌なこと
キャパ超えて壊れる前に
一旦置きましょ！
メンタル
（意欲低下）
嫌なこと

3-3-2 I2理論の業務・人生への適用 ～上手くいくかは意欲次第～

先ほど業務の遂行で悩んでいる時は、早めに上司に目的を確認しましょうと言いましたが、目的が何かを知ることは非常に重要なことです。同じ作業をしていても目的がわかっていて作業しているのと、わからずに作業だけさせられているのとでは生産性がまったく違ってきます。

街で石を積んでいる人にあなたは何をしているのですか？と尋ねる有名なエピソードを聞いたことがありますでしょうか？ある人はとにかく運べと言われたからお金を貰う為に石を積んでいると辛そうに答えました。ある人は教会を作り街のみんなの心の拠り所となる場所を作っているのだと目を輝かせて活き活きと答えました。同じ石を積むという作業でも辛らそうにしている人と、楽しそうにしている人がいます。辛い人はおそらく単調でつまらない、疲れたと不平不満を言い始め、意欲も低下し生産性が落ちていくでしょう。一方楽しげにしている人は、おそらく早くできるのが楽しみだと意気揚々と意欲が湧いて生産性が上がっていくでしょう。

石を積むという重労働も、意欲が向上することにより波動が高まり、辛いことも楽しいと感じて力が湧いてくるのです。物事を上手く成し遂げるには、全ては目的からの意欲次第であることがお分かり頂けたでしょうか？

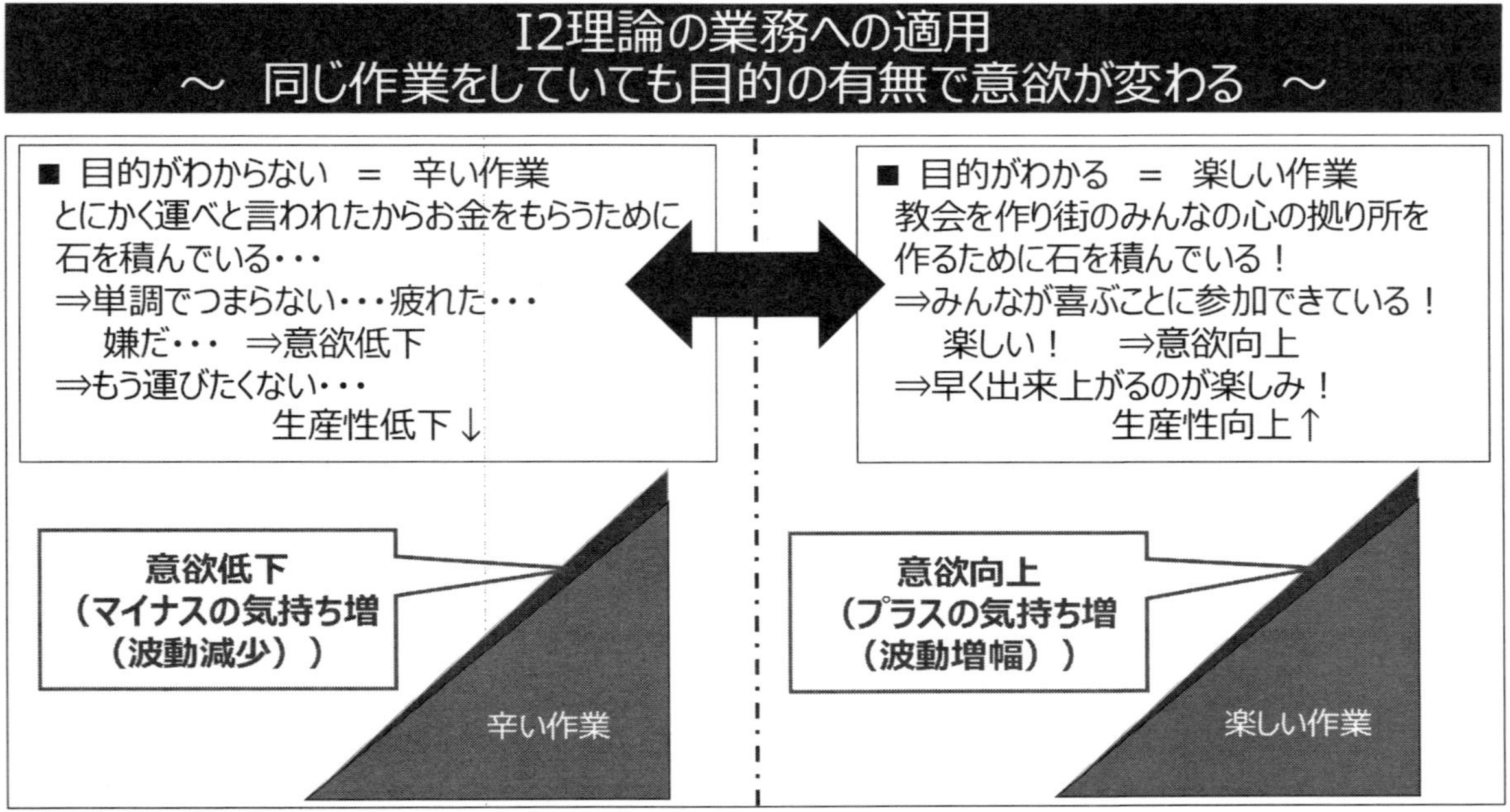
I2理論の業務への適用
～　同じ作業をしていても目的の有無で意欲が変わる　～
■ 目的がわからない　=　辛い作業
とにかく運べと言われたからお金をもらうために
石を積んでいる・・・
⇒単調でつまらない・・・疲れた・・・
嫌だ・・・　⇒意欲低下
⇒もう運びたくない・・・
生産性低下↓
■ 目的がわかる　=　楽しい作業
教会を作り街のみんなの心の拠り所を
作るために石を積んでいる！
⇒みんなが喜ぶことに参加できている！
楽しい！　⇒意欲向上
⇒早く出来上がるのが楽しみ！
生産性向上↑
意欲低下
（マイナスの気持ち増
（波動減少））
辛い作業
意欲向上
（プラスの気持ち増
（波動増幅））
楽しい作業

3-3-3 I2理論の業務・人生への適用 ～スキルも意欲次第～

同じ作業をしていても、言われるがまま作業している人と、自分なりに考えながら作業をしている人とでは数年で倍以上のスキルの違いが生じてきます。

言われるがまま作業をしている人は、繰り返し作業で体が慣れ習熟度が増していくでしょう。逆に言うと習熟度しか増していかず、それ以外のことは考えていないので他のスキルは増えていかないのです。

一方考えを持って作業している人は、繰り返しのパターンを習得して多少違う作業が来てもパターンを適用して生産性良く対応できたり、自分の前後の工程が何をやっているのかを横目に見ながら自分の作業の位置づけ、意味を知り、困りごとや頼まれごとで人脈が広がっていき、気づいたら全体の流れも把握でき、まとめることができる力を有することになります。

意識して作業をしているかいないかでスキルの差が複利で効いて来るため、同期で入社しても数年後にはまったく違う立場になっている人同士ということになるのです。

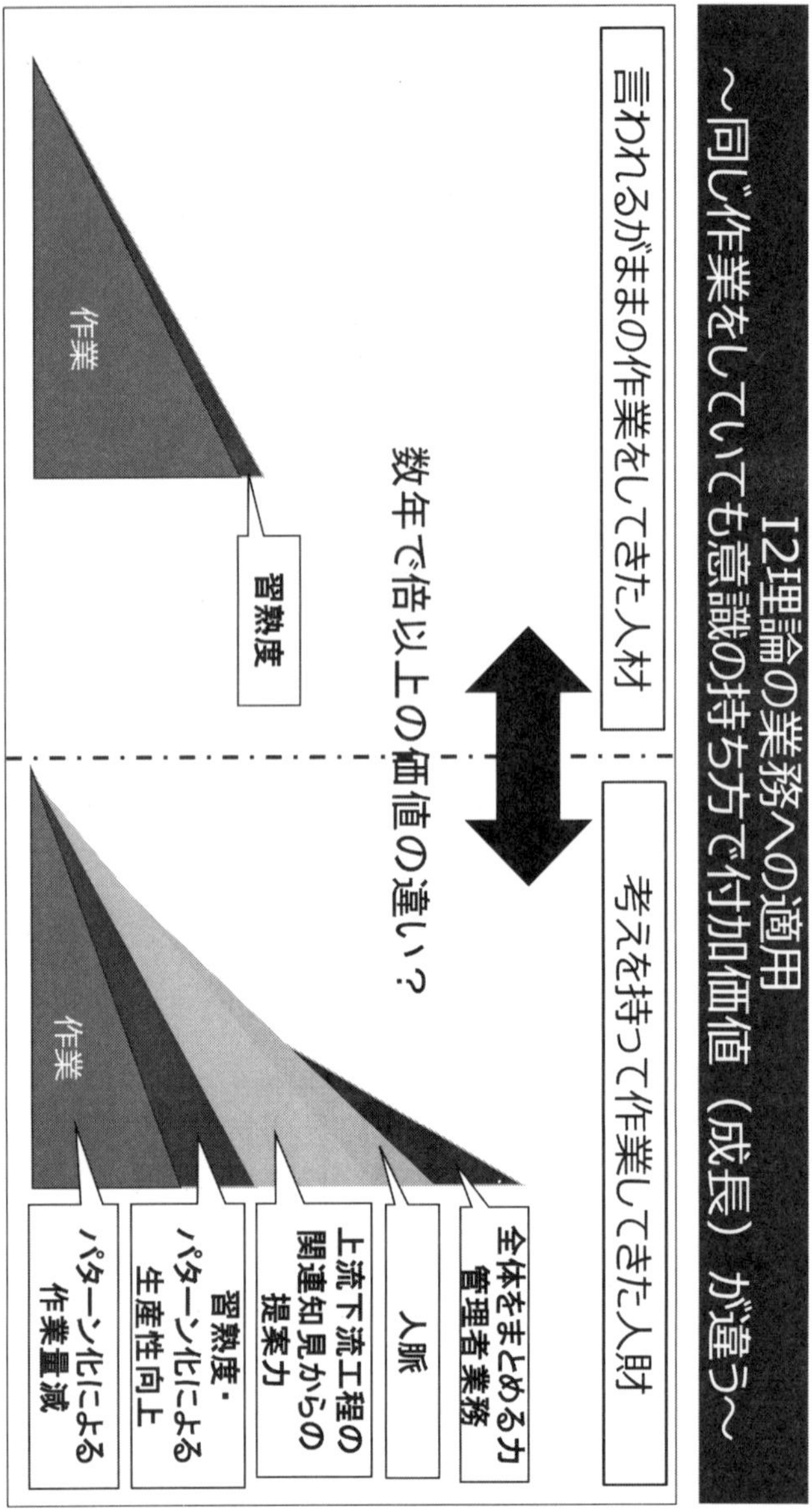
I2理論の業務への適用
～同じ作業をしていても意識の持ち方で付加価値（成長）が違う～
言われるがままの作業をしてきた人材
考えを持って作業してきた人財
数年で倍以上の価値の違い？
作業
習熟度
作業
全体をまとめる力
管理者業務
人脈
上流下流工程の
関連知見からの
提案力
習熟度・
パターン化による
生産性向上
パターン化による
作業量減

3-3-4　I2理論の業務・人生への適用　～会社も社員の意欲次第～

このスキルの違いを同様に会社に当てはめますと、ある会社はある単一作業だけをする会社のまま成長していなく、ある会社はパターン化で生産性を上げ、自社の上下の企業との関りから作業範囲を拡大し、自社でできない部分はアウトソーシングをしながら更に拡大し、気づいたら工事全体を取りまとめる元請け企業にまで成長していくことができるのです。

全ては意欲が高い従業員がいるかどうかで、会社の成長の度合いに複利で差が生じることになります。

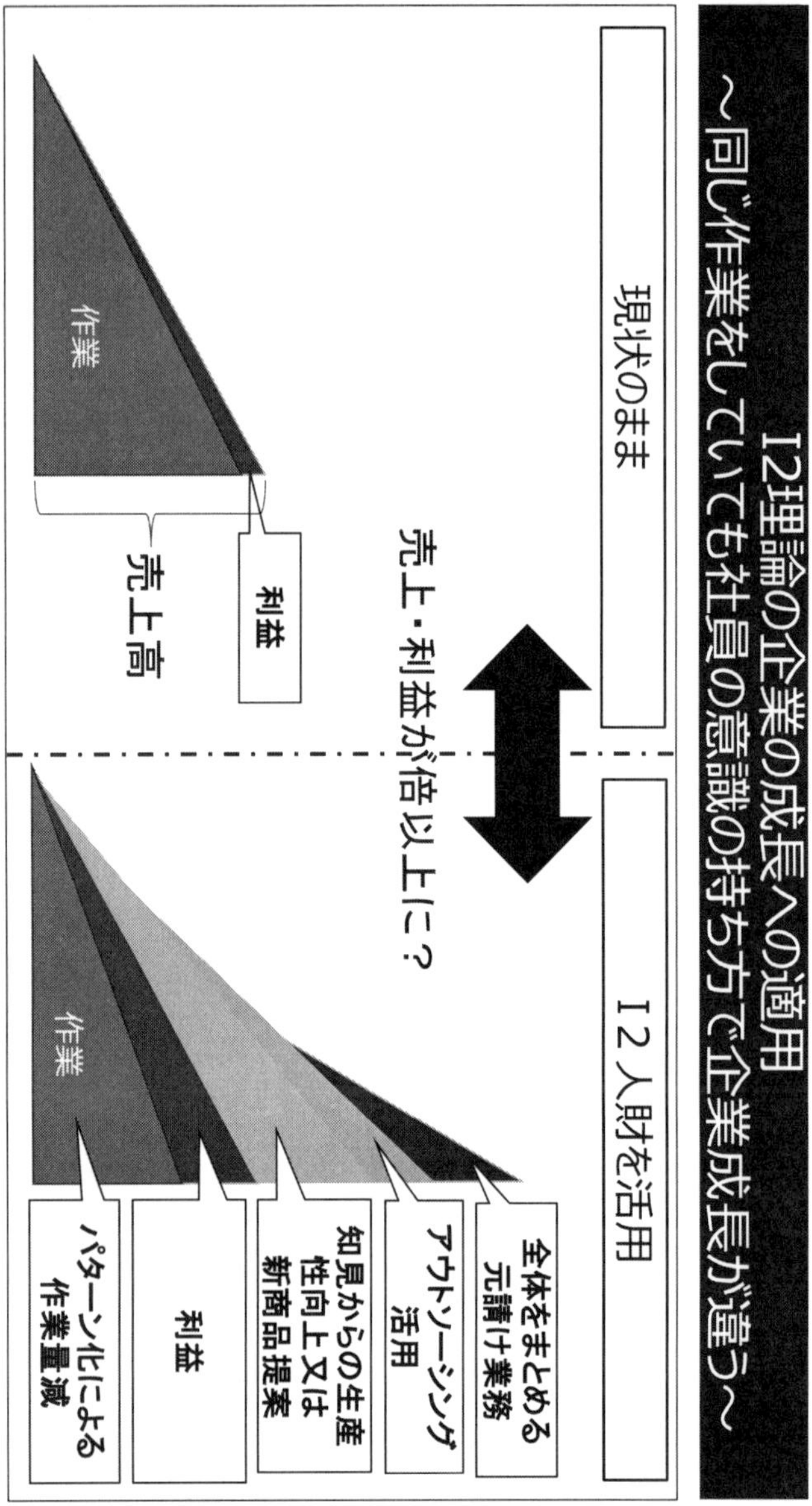
I2理論の企業の成長への適用
～同じ作業をしていても社員の意識の持ち方で企業成長が違う～
現状のまま
I2人財を活用
売上・利益が倍以上に？
作業
利益
売上高
作業
全体をまとめる
元請け業務
アウトソーシング
活用
知見からの生産
性向上又は
新商品提案
利益
パターン化による
作業量減

3-3-5 I2理論の業務・人生への適用 ～人間の厚みも意欲次第～

これを人生に当てはめますと、同じ体験をしていても意欲の違いで人間の厚みが数年で倍以上異なってくることがあります。

漫然と体験しているだけの人は、楽しかった、辛かったというその場限りの思い出は残っていきますが、そこから学ぶことなく人間が大きくなることはないと思われます。

一方、体験をする度にその意味を考えながら人生を送って来た人は、過去の体験からの失敗から次回は上手くいくように学び、そこから派生した知見を学び、それが本当に真実なのかを生の声で様々な人から聞いて、いろんな人の声に耳を傾聴でき、いろんな立場から物事を考えられる全体を俯瞰した思いやりがあり、包容力がある厚みがある人間になれるでしょう。

おそらくこうした人には、関係してきた人々とのいい思い出が多くあるのではないでしょうか。

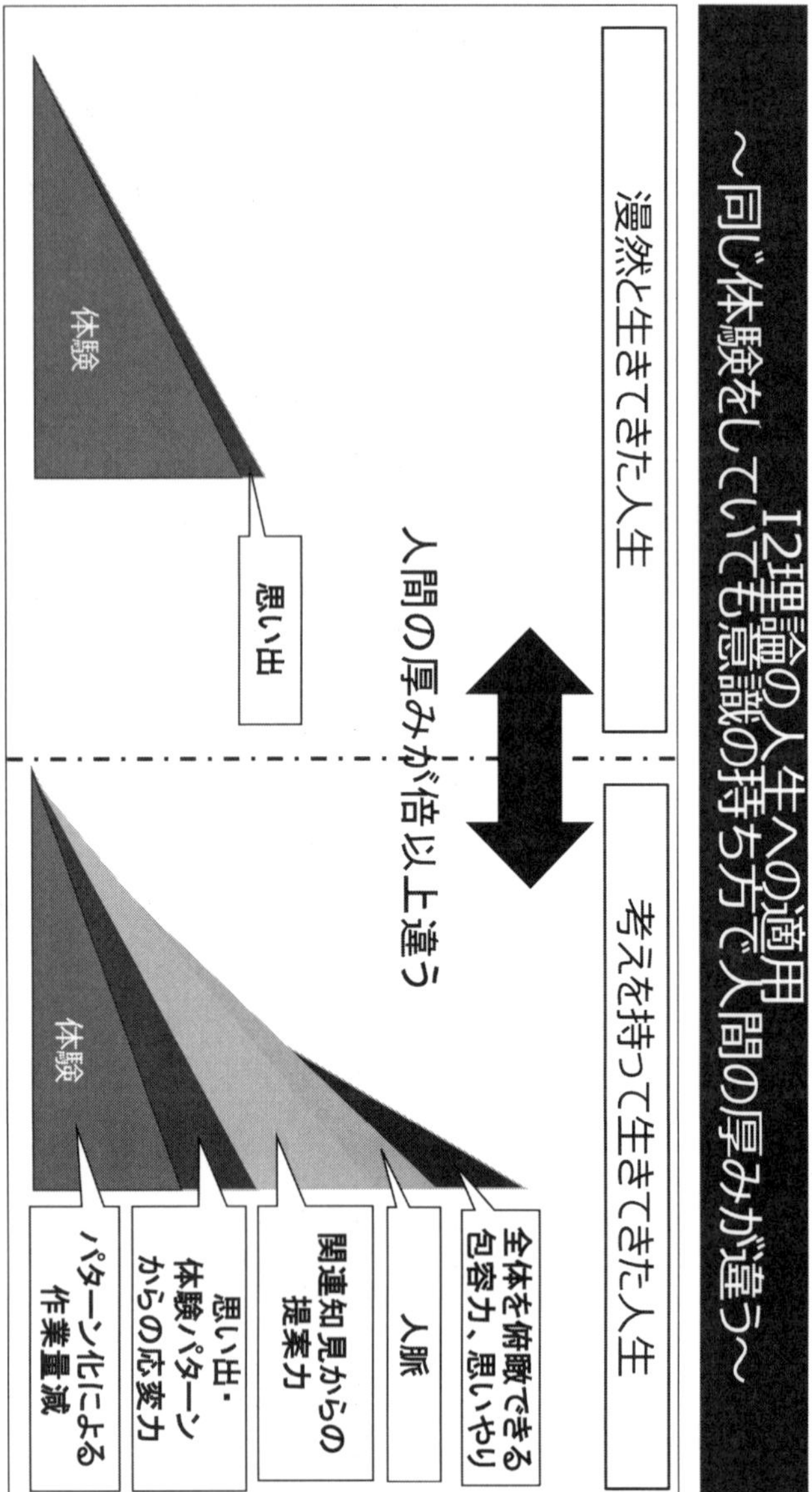
12理論の人生への適用
～同じ体験をしていても意識の持ち方で人間の厚みが違う～
漫然と生きてきた人生
体験
思い出
人間の厚みが倍以上違う
考えを持って生きてきた人生
体験
全体を俯瞰できる包容力、思いやり
人脈
関連知見からの提案力
思い出・体験パターンからの応変力
パターン化による作業量減

3-3-6 マズローの欲求5段階 〜人間の欲求とは〜

やりたくないことを辞めるのも、今やっていることに目的から意義を見出したり、新たなことに意欲を燃やすのも、**全て自分自身の意志で選択し決めて良い**ということに気づいて頂きたいと思います。自分の**人生の主役は自分**でなければならないのです。ですので、誰かに言われたからやるという自分の人生を人任せにするのではなく、自分のことは自分で考え自分がやりたいことを成し遂げて喜びを得られる人生を送って頂きたいのです。

心理学者のアブラハム・マズローさんによって提唱された心理学では有名な「**マズローの欲求5段階**」をご存じでしょうか？動物の本能で持っている欲求から人間ならではの欲求を段階的に示しています。

①**生理的欲求**：食欲、睡眠欲、性欲など生命を維持する為に必要な本能的欲求。
②**安全の欲求**：危険を回避し、安全・安心な暮らしを求める欲求。
③**社会的欲求（所属と愛の欲求）**：集団の一員でありたい、社会から必要とされたいという欲求。
④**承認の欲求（尊敬の欲求）**：誰かに認められたい、尊敬されたいという欲求。
⑤**自己実現の欲求**：理想の自分になりたいという欲求。

すなわち、人間誰しも③**誰かに必要とされて、**④**人から認められて、**⑤**自分のやりたいことをやることが本来の人間らしい姿**であると言えます。

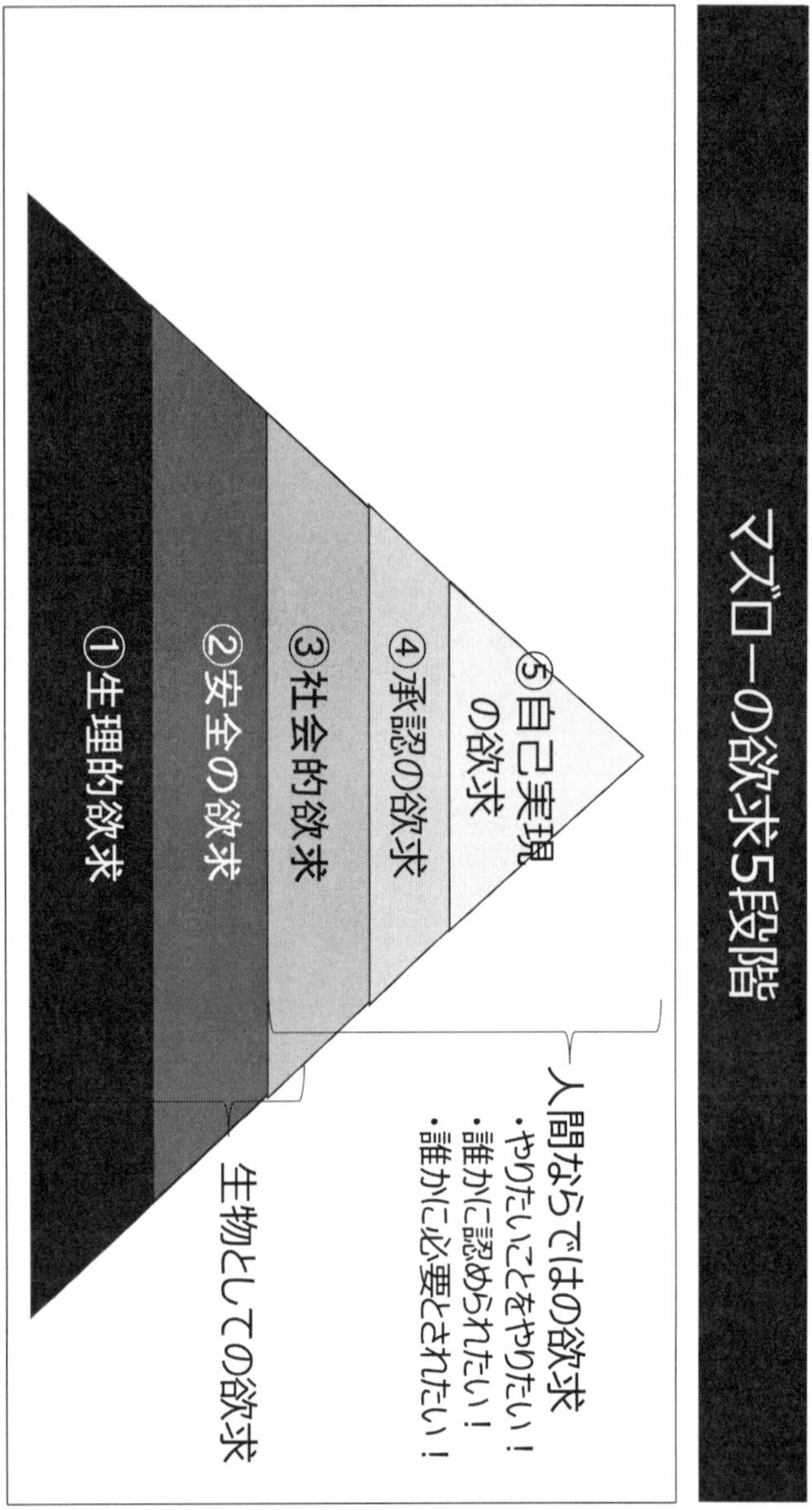
マズローの欲求5段階
⑤自己実現の欲求
④承認の欲求
③社会的欲求
②安全の欲求
①生理的欲求
人間ならではの欲求
・やりたいことをやりたい！
・誰かに認められたい！
・誰かに必要とされたい！
生物としての欲求

小さなことでも良いので、自分のやりたいことを**自分の意志で決め、行動し、**失敗しながらも**完璧でなくて良いので、それなりの成果がでるまでやり、**その行動力と**成功体験を積み重ねる**ことで**自信**が付きます。更にはそれを**誰かの為に無償で行動し与える**ことができれば、人から必要とされ認められる**幸福感**も**増し増し**に感じられるでしょう。

3-3-7 夢の大きさが管理できる範囲の大きさとなる

三国志の劉備玄徳が、自分より賢い諸葛孔明や関羽、力が強い張飛などの部下を持てたのは、何故だと思いますか?それは劉備玄徳の夢が漢王朝の復活という他の人よりも大きい夢を抱いていたからからです。またお金や権力がなくても謙虚で志が高い劉備に力を貸したいとなったためだと思います。

新入社員で俺は社長になるのだと意気揚々と話をされる方もいたりしますが、是非その初心を忘れずに、社長になる為に、謙虚な姿勢で大勢の立場の人に耳を傾け、仲間を増やし、この人なら社長になってもらいたいという人徳を得て下さい。

社長になれるかどうかは、業績の良い事業にいるかどうか、すぐに上のポストが空いて順調に出世ができたかなど、サイコロの目での抽選会みたいな運もありますが、運も実力のうち、選ばれし者になれるよう熱意を持ち続け頑張って頂きたいと思います。

昇進したい目的や夢が、お金を稼ぐ為であったり、単に名誉を得たいだけでしたら、その人の個人的な管理範囲でしかないため、たとえ何人かの経営幹部や総務の人を騙せても、周囲の人や見る人にはお見通しです。まずは周囲や上司に謙虚に一生懸命尽くし、その人に付いていきたい、応援したいという人徳を積む必要があります。

ただ肩書が欲しい方、何故その肩書が欲しいのか？その肩書を貰って何を実現したいのをまずは考えてみてはいかがでしょうか。

3-3-8 意欲がないならそこまで

昇進の意欲はないが、現状の働きのままで給料だけは多く貰いたいと願っている人が意外に多いと思います。

マズローの5段階欲求からすると②の安全の欲求のレベルまでなのだと思われます。安全に暮らせられるのであれば、敢えて責任を負ったり危険を冒してまでは、やりたくないのだと思います。査定する側としては、チャレンジする意欲がない人には、ノーリスク・ローリターンという評価になってしまいます。

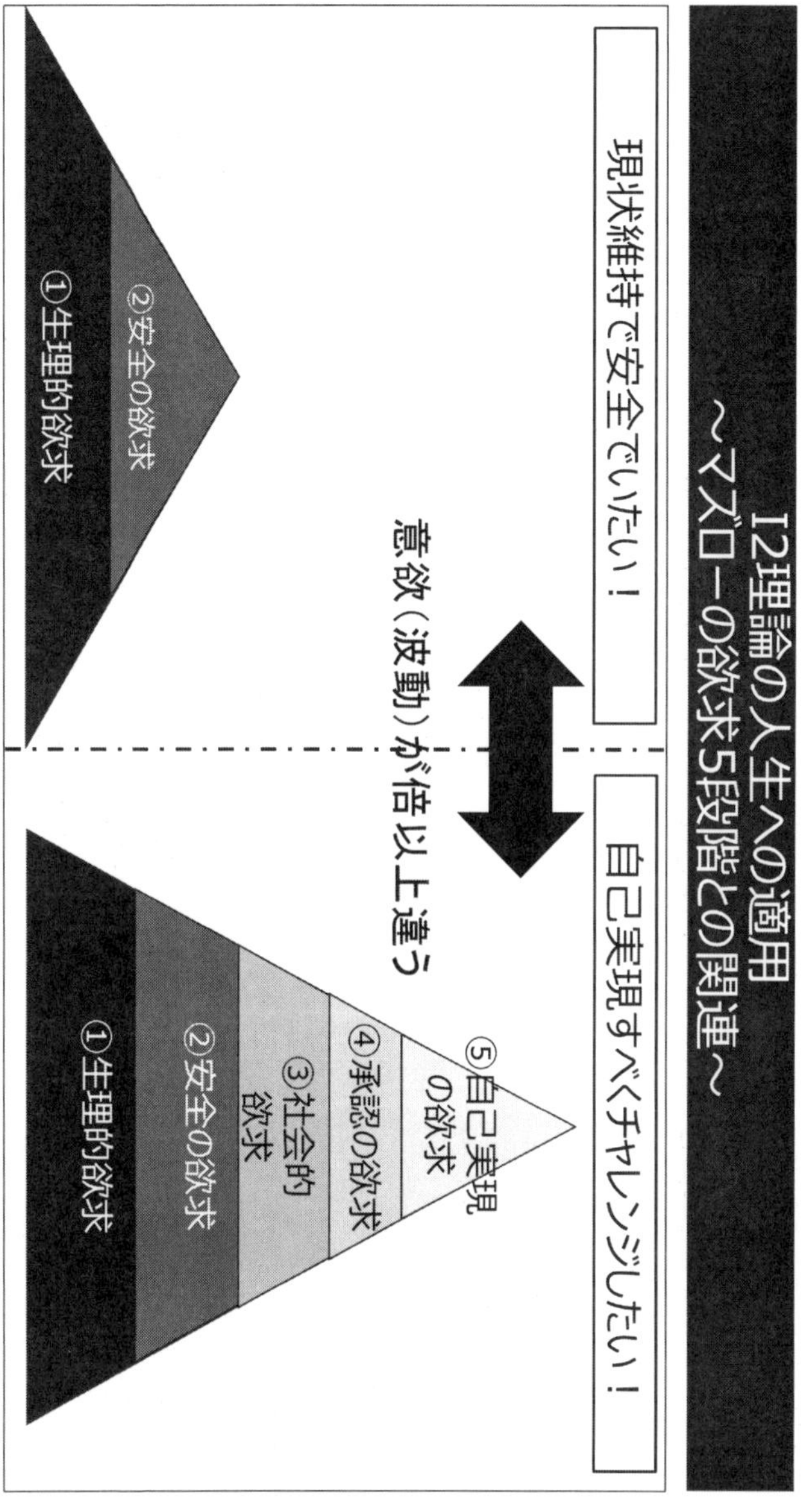

I2理論の人生への適用
～マズローの欲求5段階との関連～
現状維持で安全でいたい！
自己実現すべくチャレンジしたい！
意欲（波動）が倍以上違う
②安全の欲求
①生理的欲求
⑤自己実現の欲求
④承認の欲求
③社会的欲求
②安全の欲求
①生理的欲求

3-4　成功は熱意次第 〜コンフォート／チャレンジ／サクセス ゾーン〜

実は私達の脳は、意欲や危機感を持たない限り、**潜在能力として現状維持**がコンフォートゾーン**として一番居心地が良いと認識**しているらしいです。ほとんど何も考えず、大きな選択をせず、ストレスも少ない状況なので一番気楽な領域です。

髪を切りに行って、いつもの店のいつもの担当にいつも通りと言うだけで、いつも通りの髪型に仕上がる安心感がありますね。

ある時、今までの髪型だと物足りない気がして、イメージチェンジをしてみても良いかなと思い、初めての店で、初めての担当にチャレンジした時は、全体的にどんな感じにして、前髪はどれぐらいでと細部にわたって指示をして、鏡を見ながらちょっと違うのだけどなと思いながら、出来上がりが良いと喜び、悪いと落ち込むそんな体験をされたことがありますでしょうか？これが**チャレンジゾーン**（学びを得る**ラーニングゾーン**・未知なる状態であれば**パニックゾーン**）になります。

好きが高じて、どこの店のどの担当がどういうカットをしてくれてとその道の通となり、ほとんど思った通りの仕上がりに成功することが多くなると**サクセスゾーン**になります。

そして**ご機嫌ないい条件**を見つけられたなら、そのことについては、**もう考えないで良い状態の**コンフォートゾーンになります。**いいコンディション**を保つ、いわゆる**ルーティーン**だと言えるのです。

3-4-1 業務におけるコンフォートゾーン／チャレンジ／サクセスゾーン

業務に当てはめますと、**コンフォートゾーン**では、**ルーチンワーク**を好み、現状維持で**責任がない作業を繰り返し多く作業**していて、新たな業務に対しては、やりたくない理由を雄弁に語り、安全に**給料を貰う為だけに働いている**状態です。**提案や指示を出す側に対して不平不満**を言い、同じ不満をもつ人との仲間意識が強い傾向があると思います。この集団は**弱いチーム**になりがちです。

一方、自分の作業を楽にしたい、他の人の作業も楽にしてあげたいと**意欲的に活動**している**チャレンジゾーン**では、新たなことにトライして、**失敗から学び、成功を積み重ねることにより自信が**ついていきます。しかしながら全てが成功するわけではなく、**大きな失敗が続いて挫折し、自信を喪失**すると保守的になりチャレンジを恐れて**コンフォートゾーンに戻**ってしまうことがあります。

この挫折にも拘わらず「**負けてたまるか**」と**熱意**を持って、**失敗しても当たり前だと自他を認め**られるようになり、**失敗から学び、失敗が少なく**なってくると**サクセスゾーン**の状態と言えます。この状態では**大きな責任**を持って**大きな変革を楽しんで決断・実行**できるパフォーマンスが高い状態となっており、**不平不満を語らず熱意を持ってどうやったら実現できるかを語る**状態になっています。この集団であれば**強いチーム**になっているでしょう。

強いチームに身を置くべく、**早い段階からコンフォートゾーンから抜け出す癖**をつけて置く必要があります。昇格においても、新たな改善をして成果を出した人が目立ち昇格していきます。その昇格したグループの中から更に上の昇格すべき候補を選ぶことになるので、**若い時に努力**をして、**毎期何かしら新たな課題を解決し続ける癖**を持つと良いです。**若い時の差**がそのまま**後から詰めることができない**状態になることが多いからです。

3-4-2 人生におけるコンフォート／チャレンジ／サクセス ゾーン

人生に当てはめると、**コンフォートゾーン**では、変わり映えのない**平穏無事な生活**を好み、現状維持で**無難な選択**をしていて、新たなことに臆病で、**小さな変化に対してもイライラ**としてしまい、**自信がなく心に余裕がない**状態で、群れをなして**仲間意識が強く**自分の仲間以外の**他者を排除**しようとする傾向があると思います。

一方、**好奇心から**やりたいことをやりたいと**意欲的に活動**している**チャレンジゾーン**では、業務と同様に新たなことにトライして、**失敗から学び、成功を積み重ねることにより自信**がついていきます。しかしながら全てが成功するわけではなく、**大きな失敗が続いて挫折し、自信を喪失してコンフォートゾーンに戻**ってしまうことがあります。

この挫折にも拘わらず「**諦めなければ夢は叶うのだ**」と**熱意**を持って、**失敗することは当たり前**であるという**心の余裕**ができ、**失敗から学び**、**失敗が少なく**なってくると**サクセスゾーン**の状態と言えます。この状態では**大きな選択を何の不安も無しに楽しんで決断・実行**しており、あの時に比べたら今回の失敗や苦労は小さいものだと笑って、**大抵のことには動じない**人になっています。**自**

分に自信があり独立していて、他人のそれぞれの独自性も認める心に余裕がある器の大きな持ち主になっているでしょう。

人生で小さな選択ばかりですと人生の景色が変わらないままです。大きな選択をすべく、時折コンフォートゾーンから抜け出す癖をつけて置く必要があります。自分のことは他人に委ねず自分の責任で決め、決めたことに対しては自分の責任であると失敗を素直に受け入れ、落ち込まずに学習だけして次回も自分で決定する。その積み重ねで、意外と今までも何とかなったかなと楽天的な気持ちで楽しんで選べる心の余裕ができると良いと思います。人生80歳まで生きたとして29200日と意外と少なく、人生の大きな選択をする時に、そのチャンスを逃さず、今まで通りの道ではなく、未知なる大きな道を楽しんで選べる心の準備ができていると良いと思います。

サクセスゾーンの人々は物事に動じない人々ではありますが、人々の喜びを真に願ったり、必ずしも器の大きなではない人々もいるのが事実だと思います。私利私欲の為だけに努力をし続けた人々も成功者にはおり、その人の本質は思いやりも他者を認める気持ちもない人ですが、自分の成功の為に評価される場面では、戦略的に思いやりがあるフリ、弱さを見せて共感を呼ぶフリをするテクニックを習得して来た人だと言えます。

同様にコンフォートゾーンから抜け出したいが自信がないという方は、まず自信があるフリ、動揺をしないフリをすることから始めるのが良いかも知れません。その行動が感情をコントロールでき、失敗してもなんとも思わない強い精神力に鍛えられていくでしょう。

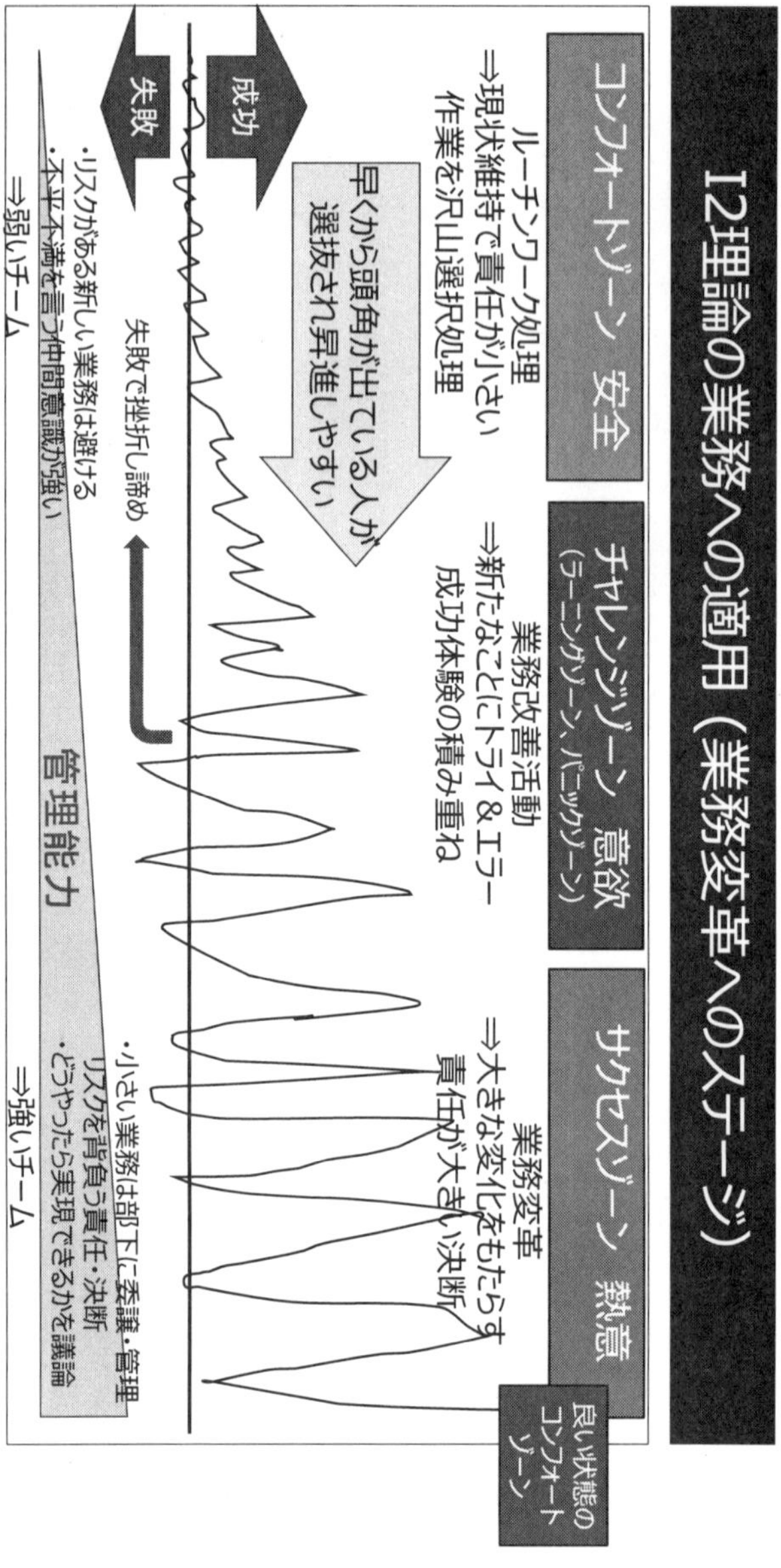
12理論の業務への適用（業務変革へのステージ）
コンフォートゾーン　安全
ルーチンワーク処理
⇒現状維持で責任が小さい
作業を沢山選択処理
チャレンジゾーン　意欲
（ラーニングゾーン、パニックゾーン）
業務改善活動
⇒新たなことにトライ＆エラー
成功体験の積み重ね
サクセスゾーン　熱意
業務変革
⇒大きな変化をもたらす
責任が大きい決断
良い状態のコンフォートゾーン
成功
失敗
早くから頭角が出ている人が
選抜され昇進しやすい
失敗で挫折し諦め
・リスクがある新しい業務は避ける
・不平不満を言う仲間意識が強い
⇒弱いチーム
管理能力
・小さい業務は部下に委譲・管理
リスクを背負う責任・決断
・どうやったら実現できるかを議論
⇒強いチーム

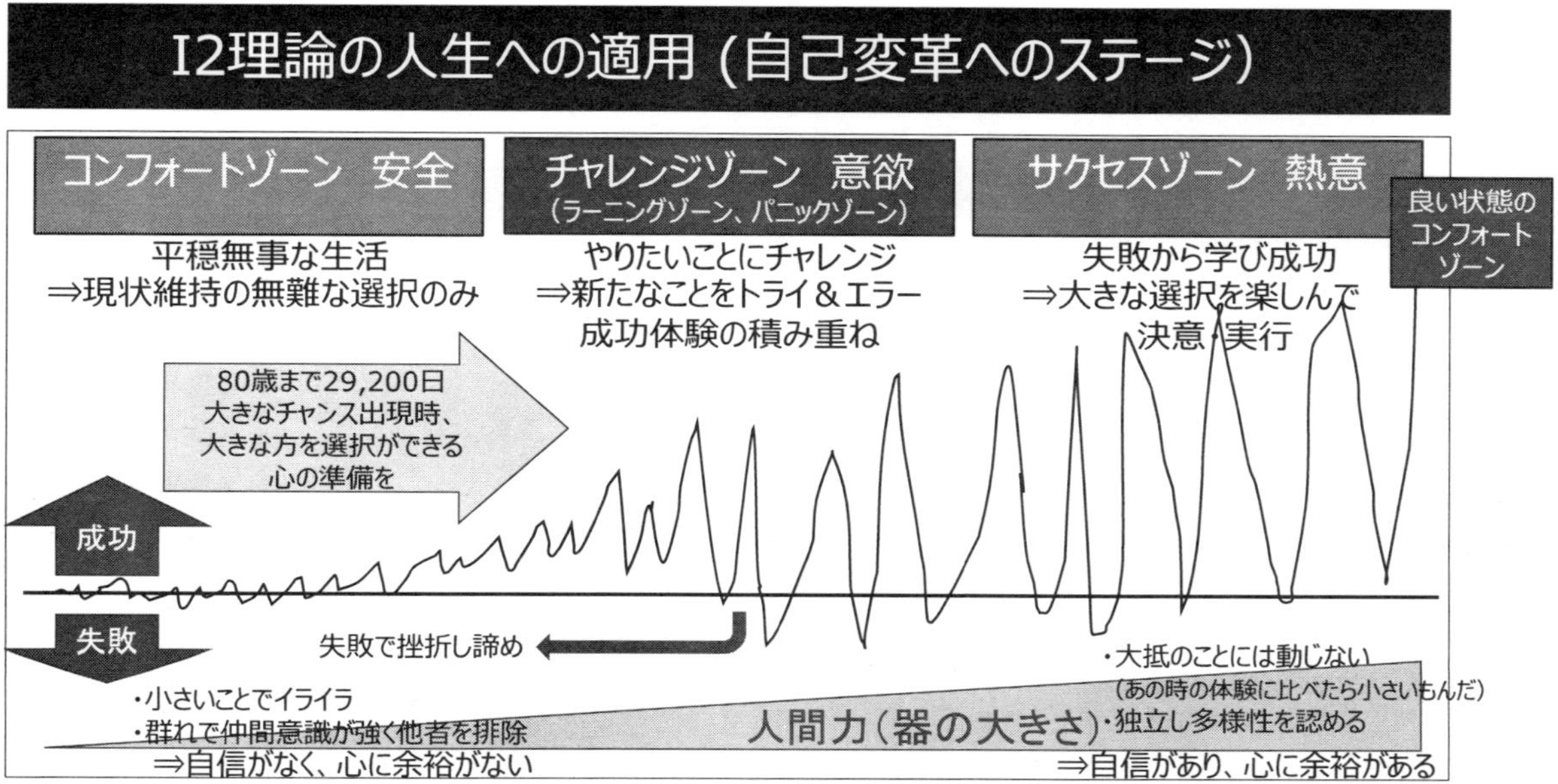
I2理論の人生への適用（自己変革へのステージ）
コンフォートゾーン　安全
平穏無事な生活
⇒現状維持の無難な選択のみ
チャレンジゾーン　意欲
（ラーニングゾーン、パニックゾーン）
やりたいことにチャレンジ
⇒新たなことをトライ＆エラー
成功体験の積み重ね
サクセスゾーン　熱意
失敗から学び成功
⇒大きな選択を楽しんで
決意・実行
良い状態の
コンフォート
ゾーン
80歳まで29,200日
大きなチャンス出現時、
大きな方を選択ができる
心の準備を
成功
失敗
失敗で挫折し諦め
・小さいことでイライラ
・群れで仲間意識が強く他者を排除
⇒自信がなく、心に余裕がない
人間力（器の大きさ）
・大抵のことには動じない
（あの時の体験に比べたら小さいもんだ）
・独立し多様性を認める
⇒自信があり、心に余裕がある

▼3-5　意識次第で見える景色・人生が異なる　～パワーとフォース～▲

あなたの人生が、**あなたの気持ち次第で良くも悪くもなってしまうとしたらどうでしょうか？**

デヴィッド・R・**ホーキンズ博士**の「**17段階の意識レベル**（意識のマップ）」というものがあります。どの意識レベルに住み慣れているかによって、**同じ体験をしても、見え方が違うことによってその後の人生に大きな違い**が生まれるというものです。

17段階の個々の順番そのものは賛否両論があるかと思いますが、大別して「**パワー**」**と呼ばれる前向きで寛容な思考**と、「**フォース**」**と呼ばれる暗く閉鎖的な思考**との2つに分かれ、それぞれに同じ事実が起きても、その事実をそれぞれの思考での解釈の仕方次第で、上手くいきやすくなったり、上手くいくものも上手くいかなくなったりするというものを表したものです。

卑近な話ですが、**卒業アルバム**に**笑顔**で写っている人の**その後の人生**を調べると**幸せ**な人生を送られている人が多いと聞いたことはありませんでしょうか？どんな悲しいことも気持ちを切替えて前向きに捉え進んで行くパワーの持ち主になれれば幸せになれるというものです。

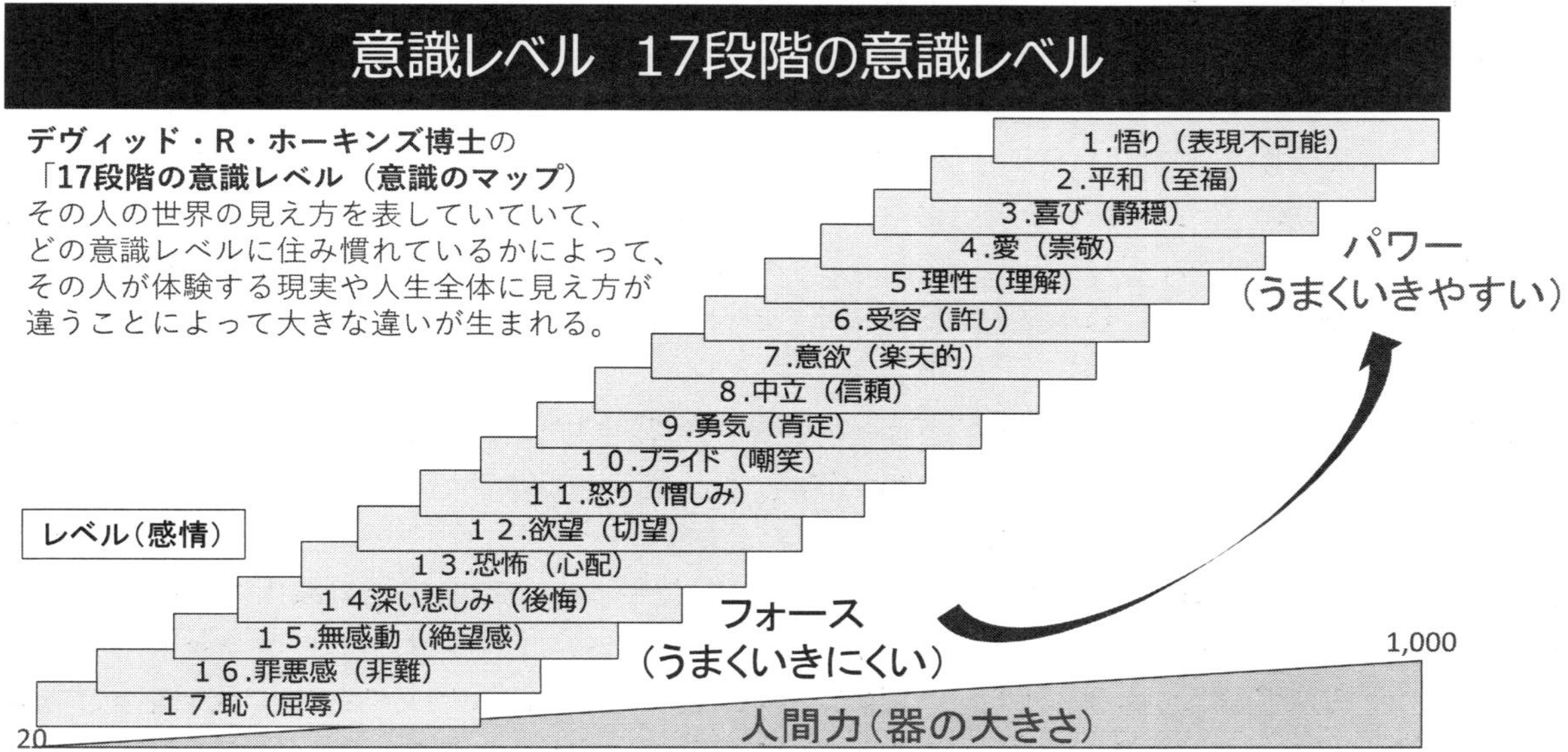
意識レベル　17段階の意識レベル
デヴィッド・R・ホーキンズ博士の
「17段階の意識レベル（意識のマップ）
その人の世界の見え方を表していていて、
どの意識レベルに住み慣れているかによって、
その人が体験する現実や人生全体に見え方が
違うことによって大きな違いが生まれる。
1.悟り（表現不可能）
2.平和（至福）
3.喜び（静穏）
4.愛（崇敬）
5.理性（理解）
6.受容（許し）
7.意欲（楽天的）
8.中立（信頼）
9.勇気（肯定）
10.プライド（嘲笑）
11.怒り（憎しみ）
12.欲望（切望）
13.恐怖（心配）
14深い悲しみ（後悔）
15.無感動（絶望感）
16.罪悪感（非難）
17.恥（屈辱）
レベル（感情）
パワー
（うまくいきやすい）
フォース
（うまくいきにくい）
20
1,000
人間力（器の大きさ）

3-5-1 意識次第で見える景色・人生が異なる ～悟りの人　経営の神様～

17の意識レベルで最上位にある「悟り」の領域の方が誰かしらいるかを思いを巡らせたところ、経営の神様と呼ばれる松下幸之助さんがその悟りの境地にあったと言えると思います。

松下幸之助さんには様々なエピソードがありますが、いくつか挙げたいと思います。

舟から船頭と一緒に海に落ちてしまった時に、「私はついている！」と言われたそうです。普通の人なら「最悪だ」と言うところ、「これが冬だったら死んでいるところだった夏でよかった」と。

現場の人から教えてもらった時の受け答えで「良いことを教えてもらった！ありがとう！」と言われたそうです。そう言われた人はまた新たな気づきがあった場合に伝えに行きたいと思ったそうです。

雨が降って来た時に、「雨が降っても自分のせい」と言われたそうです。私ならさすがに天気予報が外れたせいだと言い訳をしてしまいそうですが、言い訳をしたらそこまでで思考停止であり、何故雨が降ることを自分は予測できなかったのか？雨が降るとわかっていたら対処できただろうか？あらかじめどんな準備をしておけばよかったのかと失敗から次の改善策を見い出し、成長できるチャンスなのです。

誰しも逆境は辛いと思いますが、逆境であれば学ぶことが多く、順境だと慢心して努力を怠ってしまう。野球のイチロー選手も逆境、プレッシャーが好きであるらしいです。二軍落ちした時に腐らずに努力して「振り子打法」を作り上げたからこそ今の栄光があります。相手のチームにブーイングをされると更に燃えるというメンタルの強さ、逆境を楽しむ器の大きさがあります。

松下幸之助さんは、逆境で卑屈にならず努力をされた人も、順境で真っすぐ成長した人も、その人に与えられた運命に素直に生きてどちらも同じ強さと正しさと聡明さを持っていると、たまたま逆境、順境その人の運命であってどちらでもこだわることはないという悟りの境地にいると思います。

松下幸之助さんの人生が上手くいく教訓として、**「いつも笑顔」「よく人の話を聞く」「よくほめる」「よく感謝をする」**の4つの行いを心がけると良いらしいです。そして**「自らも楽しみ人々に喜びを与える。」**大切な人生をこうした心構えで送りたい」とおっしゃられたそうです。

つい最近まで威張り散らしてパワハラとダメ出ししかしない反面教師的な上司が多かった時代であったのに（現在も会社、部門によってはまだそうかも知れませんが）、それより以前に、既に次世代の上司の在り方を100年近く前から既に唱えらえていた松下幸之助さんの思想は尊敬でしかないです。

事実が人生をつくるのではなく、事実をどう受け取るかで人生が変わる

経営の神様　松下幸之助の教え　困っても困らない

①いつも笑顔　②よく人の話を聞く　③よく人をほめる　④よく感謝をする

「自らも楽しみ人々にも喜びを与える。大切な人生をこうした心構えで送りたい」

凡人	事実	松下幸之助
ついてない！ 最悪だ！	舟から海に落ちた	私はついてる！ 冬だったら死んでいた 夏でよかった！
なんだそんなことか	人から教えてもらった	良いことを教えてくれて ありがとう！
天気予報が外れたせいだ	雨が降ってきた	自分のせい
なんで私に逆境が？辛い！ 順境な人は楽でいいな！	逆境順境	その時のその人に与えられた一つの運命 **とらわれることなく**その生涯に**素直に生きる** 卑屈になったり、うぬぼれたりすることなく どちらも同じ強さと正しさと聡明さを持つ
フォース（うまくいきにくい）	→	**パワー（うまくいきやすい）**

3-5-2 パワーに切替えてくれることわざ・行動

100年近く前の松下幸之助さんのエピソードだけでなく、私達は古くからのことわざ、故事成語からも故人の思想を多く学ぶことができます。次に挙げることとわざはどれも私が学生時代から好きでこの言葉を胸に気持ちの切替えをしてきた私の中でのパワーワードです。

「**案ずるより産むが易し**」いろいろ心配するよりも、とりあえずやってみた方が意外と簡単。いろいろ準備不足でやって大損したりもしましたが、何とか無事に生きています。

「**覆水盆に返らず**」くよくよしても何も始まらない。試験が終わった直後、周りの友人があそこ間違えたとくよくよ話しをしているのを横目に、自分は次の試験に向けて1点でも多く取ることを考えていました。

「**情けは人の為にならず**」情けは巡り巡って自分の為になる。落とし物を見つけたら必ず届けていたので、何度か財布を落としても幸運なことに必ず戻って来ています。

「**人事を尽くして天命を待つ**」自分がやれることをやれるだけやったのであれば、結果はどうであれ後悔はないです。結果が悪いのは他の方々が自分よりもっと努力をして来た証で賞賛に値します。

また、落ち込んだ時、嫌なことがあった時は、好きな音楽を聴いたり、好きな物を食べたり、好きなことをしたり、好きな服を着たり、好きな人と話をしたりして早期に気分を切替えて、自分が上機嫌になりテンションが上がることをしましょう。テンションが上がって波動が高いと意欲が湧いて、上手くいく状態になるのです。

また、喜怒哀楽のフォースである「怒り」と「哀愁」は、「知って楽になる」と「笑顔を作り喜ぶフリをする」ことでそれぞれパワーに切替えましょう。

「怒り」の大部分は、自分が知らないことへの感情だと思います。何でやってくれないのか？という自分の基準を満たしていないことへの不満からの怒りが多いかと思います。しかしながらよく良く調べたり、確認したりすると自分が知らなかっただけでそれなりに対応をしてくれていることを知ると安心し心が楽になります。あるいはご自身の基準が高過ぎるのかも知れません。生まれ育った環境が違うと人それぞれの常識のレベルが異なっているものです。身近な人に対しても何度言っても直してもらえないと、期待を裏切られたことへの怒りもあるかと思いますが、おそらく何十年かかっても直してもらえません。人には得意と苦手、習慣化があり、過去と他人は変えられないので、そういう人なのだと諦めて、直してくれたらラッキーぐらいに自分の気持ちと考えを変えるしかないのです。

「哀愁」については、本当に悲しい時に、人間の防御作用が働くのか、急に吹っ切れて笑いが出る人もいるかと思います。また、長く悲しみが続く時は、口角を上げてわざと笑顔になり、喜劇として自分の脳を騙して喜ぶフリをするのが良いでしょう。波動が低いままですと脳だけでなく体にも影響が出てしまいます。

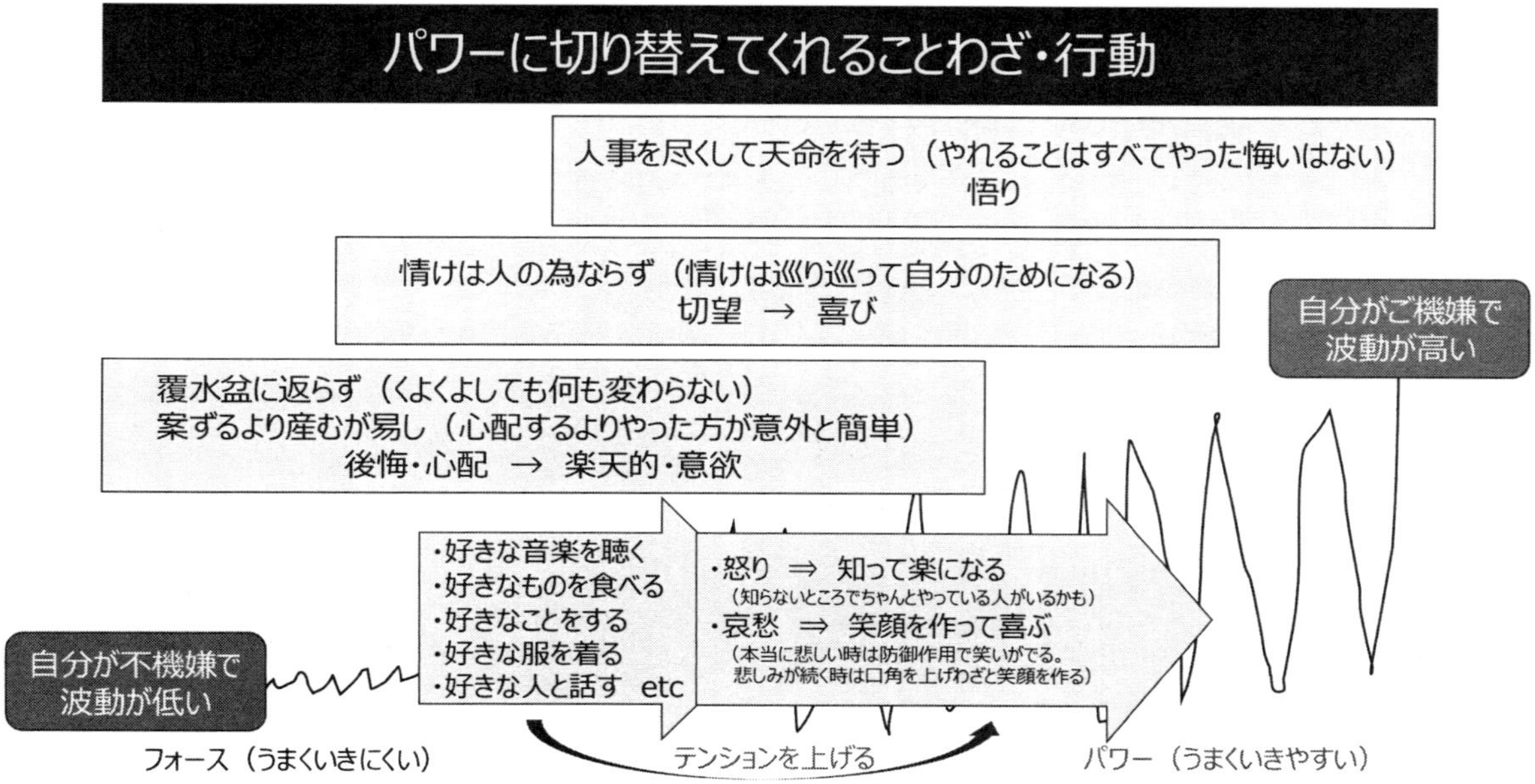
パワーに切り替えてくれることわざ・行動
人事を尽くして天命を待つ（やれることはすべてやった悔いはない）
悟り
情けは人の為ならず（情けは巡り巡って自分のためになる）
切望 → 喜び
覆水盆に返らず（くよくよしても何も変わらない）
案ずるより産むが易し（心配するよりやった方が意外と簡単）
後悔・心配 → 楽天的・意欲
自分がご機嫌で波動が高い
・好きな音楽を聴く
・好きなものを食べる
・好きなことをする
・好きな服を着る
・好きな人と話す etc
・怒り ⇒ 知って楽になる
（知らないところでちゃんとやっている人がいるかも）
・哀愁 ⇒ 笑顔を作って喜ぶ
（本当に悲しい時は防御作用で笑いがでる。
悲しみが続く時は口角を上げわざと笑顔を作る）
自分が不機嫌で波動が低い
フォース（うまくいきにくい）
テンションを上げる
パワー（うまくいきやすい）

パワー寄りに気持ちの切替えた方が**成功しやすく幸福度も得やすい**傾向にありますが、コンフォートゾーンでの**平穏無事が一番幸せ**であると願っている人や、競争をしたくない、感傷に浸りたい、ナルシストでいたい、その時はそれがその人の**なりたい自分**であるならば、そっと**そのまま**にしておきましょう。80億人いれば80億の別々の想い、別々のストーリーがあるので決して**優劣をつけたり**、画一的に**強要をしてはならない**です。

各個人が、**ありのままの自分を受け入れ**て、これから先**自分がどうなりたいかを自分で選択し実行**していくことに意義があります。その人自身が気づいて腑に落ちて歩き出さない限り、強要は逆効果でしかないです。何がきっかけで気づくのかも**その人それぞれが持つ運命**で起きるイベント次第なのです。それが若いうちに気づくことができた人はラッキーなのだと思います。

私自身も自己犠牲愛の思考で、自分が我慢すれば周りが上手くいくのであれば、それで良いと自分の気持ちを押し殺して生きて来ましたが、自分が嫌だと言わないと何も世界が変わらないのだという経験を多くしてきて、「Ｎｏ」と言ってもいいのだ、もっと自分自身の為にわがままに生きても良いのだ、ということに最近気づき行動をし始めたばかりです。

3-6 人生時間か？お金か？

時間とお金どちらの余裕が欲しいですか？という究極の選択に対して、あなたならどう答えますでしょうか？

時間が沢山あるからと、娯楽だけに時間を費やしてしまうと、気づいたらお金を稼ぐ力もなく、人間性も資産も充分でない状態になってしまっているかも知れません。

お金が沢山あるからと、気前よく浪費ばかりしていたら、お金でしか繋がっていないことへの人間不信と虚しさが残る状態になるかも知れません。

3-6-1 時間もお金も使い方次第

明日の自分の為に、遊びたい気持ちを少し抑えて、自己投資する努力により、明るい未来への歯車が回り始めるのです。時間もお金も無いと嘆くのではなく、少しの時間でも、少しのお金でも有ることに有難いと感謝し、無い状態から抜け出す努力を続けた人にだけにチャンスが訪れるのです。

よほど裕福な家でない限り、**若い頃は**まずは時間を使って自己研鑽をし、**自己の価値を高めること**をオススメします。そして時間やお金の使い方を学んでから、お金を手にして自分のやりたい人生を送るのが良いと思います。その頃にはお金で時間を買ったり、お金にお金を稼いでもらったりできるようになっているでしょう。その積み重ねで時間及びお金の余裕ができてくると思います。

人生時間か？お金か？(1/2)

■時間とお金どちらの余裕が欲しい？　究極の選択？

時間、お金があるからとムダにしてしまうと、時間もお金も稼ぐ力がないまま人生が終わる

⇒　余暇に時間及びお金を浪費しまいがちなのを自制し、自己投資で人生変わる

＊時間もお金もないと嘆かず、あることに感謝（引き寄せの法則）、抜け出すべく行動した者にだけにチャンス

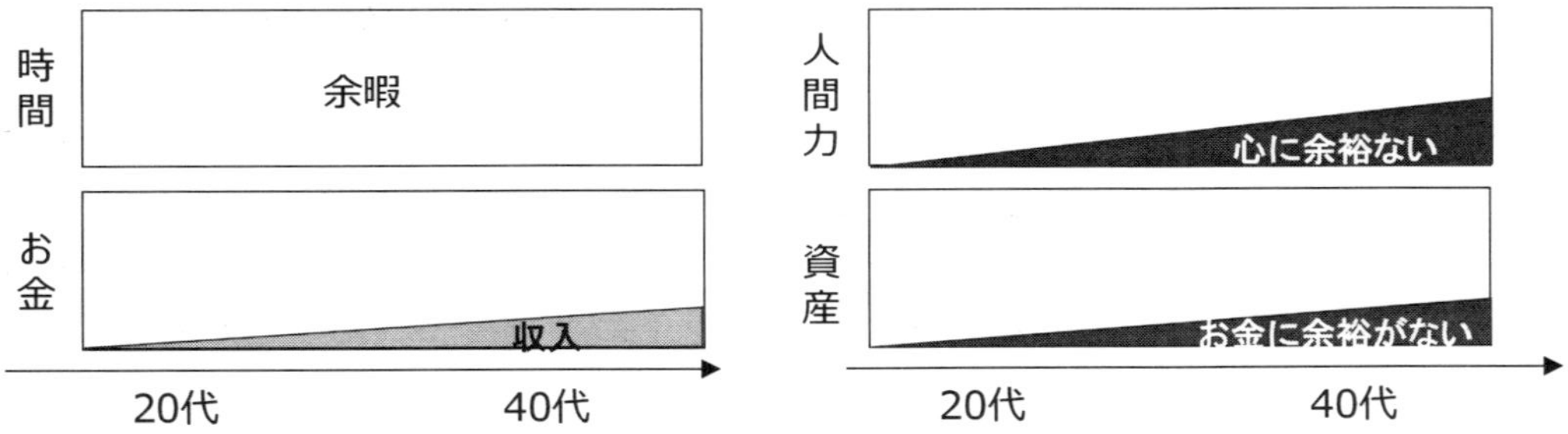

人生時間か？お金か？(2/2)

■自己研鑽している人と、していない人とでは、してきた人はお金も気持ちにも余裕もある人に

⇒２０代は投資をするお金が充分ではないので、時間を使い価値がある自己の実力をつける

やがて管理能力・人間力・お金の使い方を把握し、お金で時間を買い、お金に働いてもらう！

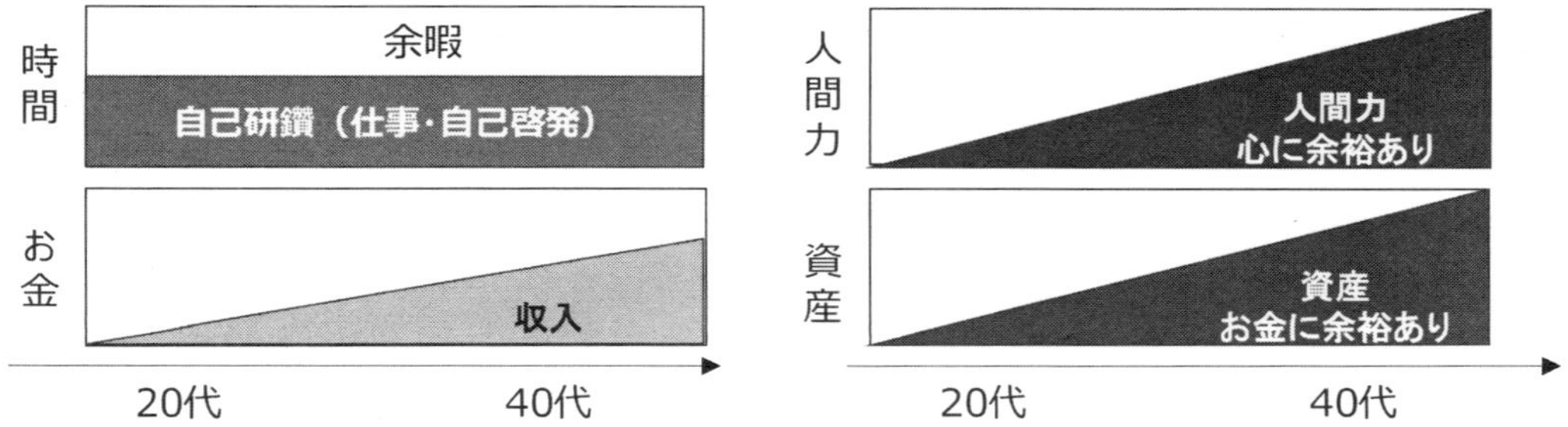

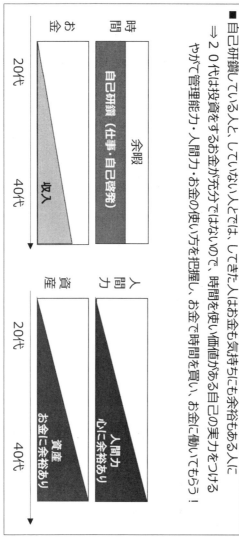

3-6-2　実は、稼ぐには能力より場所が大事

ちなみに稼ぐには、実は能力よりどこで稼ぐかの方がもっと大事となります。

もちろんそれなりの能力がないと稼ぐことはできないですが、それなりの同じ能力であっても活躍する場によって天と地の差がつくことがあります。

始皇帝の宰相であった李斯（りし）の「便所のネズミと米蔵のネズミ」というエピソードがあります。便所のネズミは常に人や犬に怯えながら食べる物がなく痩せこけていました。一方、米蔵のネズミはのんびりとして食物が豊富にあり丸々太っていました。ネズミの能力としては同じなのに居る場所が異なるだけでこんなにも違ってしまうのです。

稼ぐのであれば儲かっている需要のある業種で事業をすれば稼げる可能性が高いが、儲かっていない需要がない事業で必死に努力をしても稼げないのです。

このことは上司と部下との間柄でも同じことが言えます。部下の育成をよく考え、しかも自分を贔屓にしてくれる上司の下で働いている場合と、私利私欲しか考えない、自分と仲の悪い上司の下で働いている場合とでは、部下に同じ能力・努力があっても、評価もモチベーションも真逆となってしまうのです。

稼ぐには能力以上に場所が大事

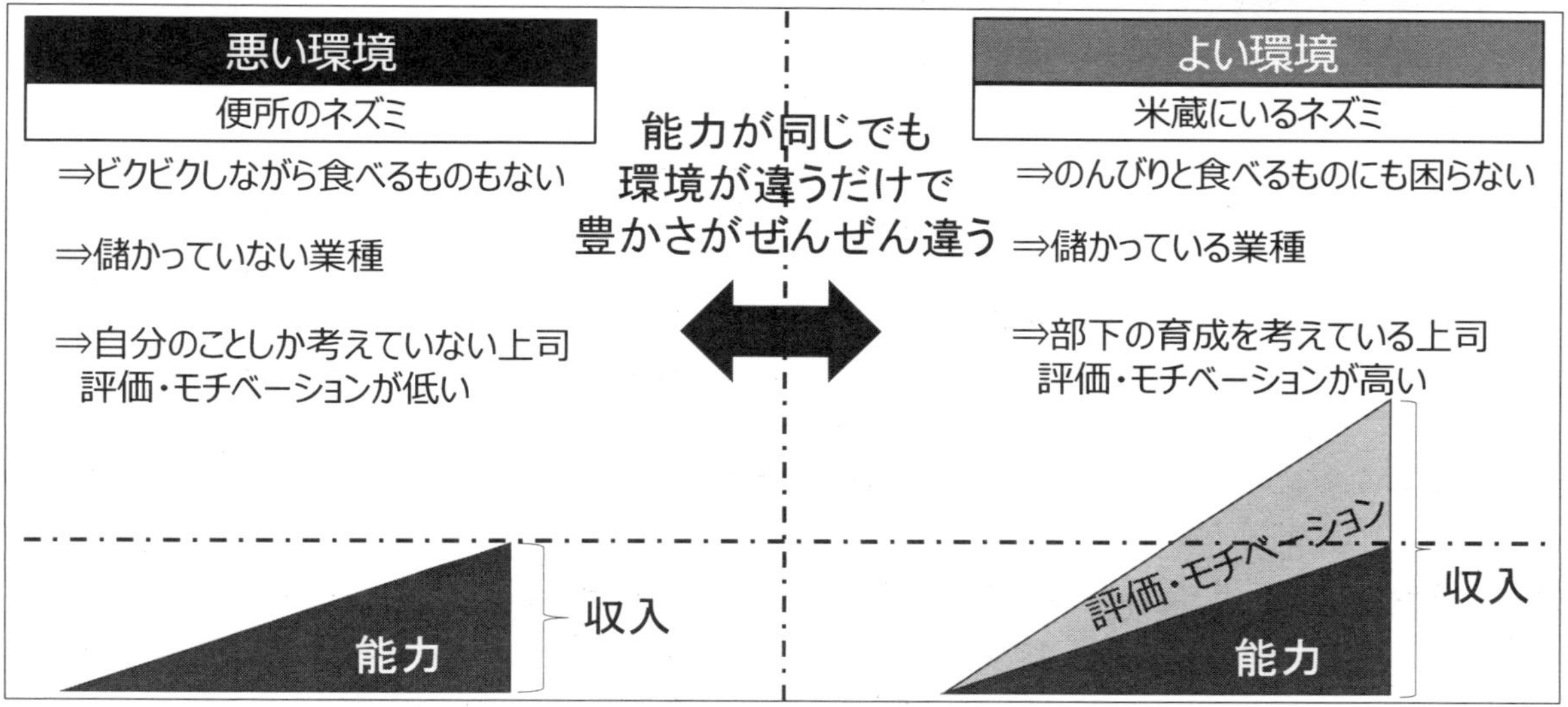

▼3-7　I2理論の導入・定着　～導入体制～▲

ここまでで、I2理論の考えについての解説を一旦終わりますが、ご理解頂けましたでしょうか？もしこのI2理論を、社内に導入を検討される場合は、次のような体制・進め方で推進することを提案致します。

体制は、推進リーダーと事務局、それぞれの機能別のワーキング、決定機関であるステアリングを設け、推進リーダー・幹事とワーキングリーダーを中心に定例会を設け具体的な内容を決めていき、ステアリングの幹部に報告・承認を頂く体制が良いと考えます。

そして何よりも重要なことは、I2理論を広めたいという**熱意がある人を人選できるかどうか**で成否が決まります。

どのようなワーキングでも**2：6：2の法則**で、2割の賛成派と、6割の中間層と2割の反対勢力が生じます。2割の賛成派に対して熱意を持って推進していけるかどうかです。

そしてワーキングで決定したことについて、ステアリングの幹部の承認を得て、運用を始めると同時に、運用ルールについて規程やマニュアルにまで残こしておくことが必要です。ワーキングメンバーがいなくなると**想いは風化して、**何もしない元の**コンフォートゾーンに戻**ってしまうからです。

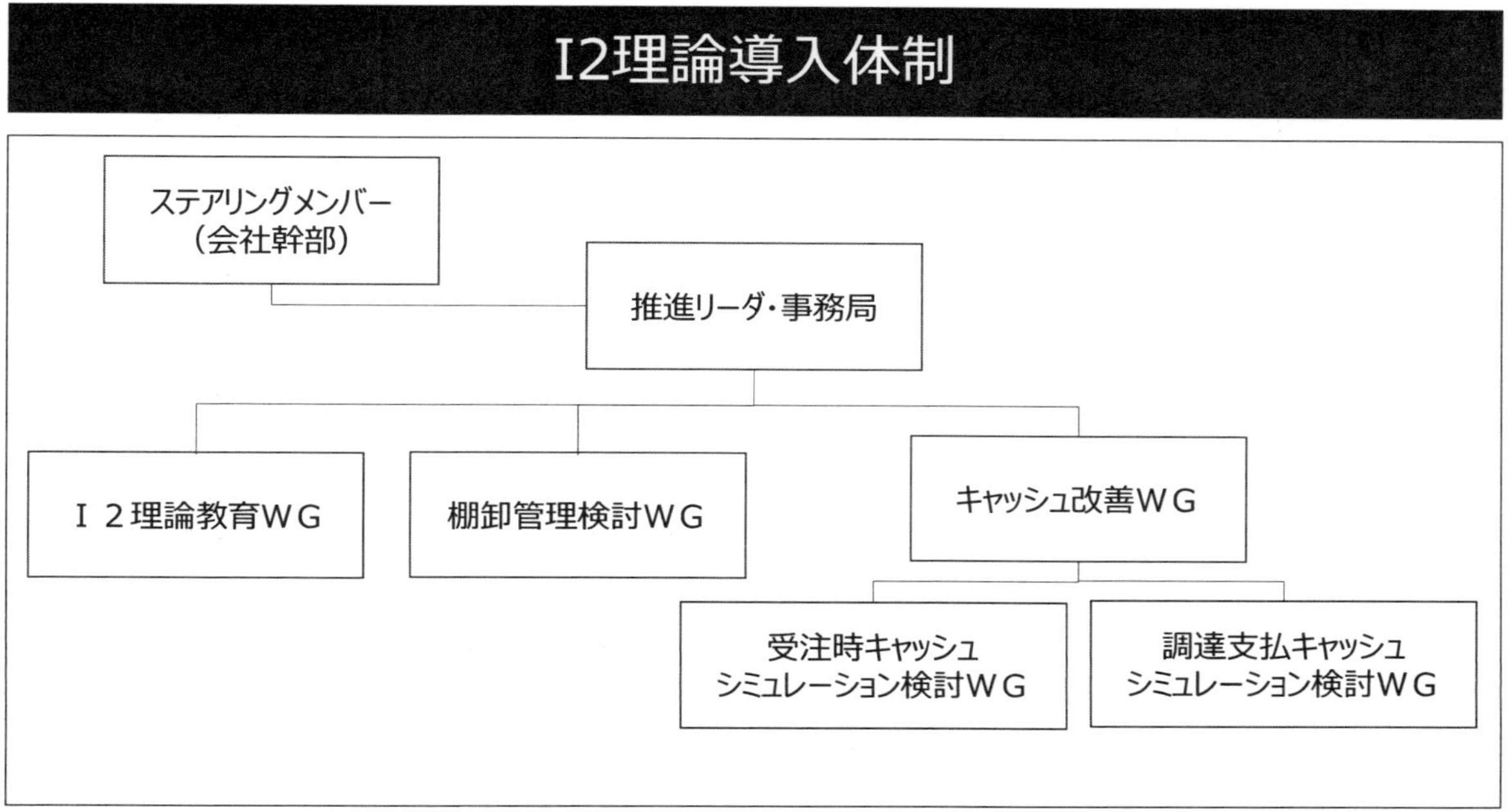
I2理論導入体制
ステアリングメンバー
（会社幹部）
推進リーダ・事務局
Ｉ２理論教育ＷＧ
棚卸管理検討ＷＧ
キャッシュ改善ＷＧ
受注時キャッシュ
シミュレーション検討ＷＧ
調達支払キャッシュ
シミュレーション検討ＷＧ

▼3-8 I2人財 ～12語録～▲

I2理論で伝えたいことは『どうせやるなら楽しくスピード感を持ってやる』『熱い意欲を持ってやり遂げる』『人生の目的は楽しむこと、成功は手段に過ぎない』ですが、I2人財になる為には、どのような思考を持った人になれば良いのかを12語録として整理しました。

1 何が目的かを判断基準に考えがブレない人になれ

目的と手段を履き違えることなく、今やっていることの意義や目的が何かを考え、目の前の手段にこだわらない人になりましょう。

自分の行動に迷いが生じた時は、目的や信念を基準に選択、決断をすれば正しい道に進んで行けます。

目的から各種施策に展開されていきますが、いつしかその施策から派生した違うことをやってしまっていたり、単に形式的にデータを取っただけで満足してしまいがちですが、そもそもの目的を見失わない人になりましょう。

依頼された事項について、いつまでに、どれぐらい、どのようにやるのかは、その依頼の目的を判断基準に、その日限に向けての業務の程度や、やり方にメリハリをつけて指示できる人になりましょう。

目の前で起きた事象に対して、何が目的で、何が真因か?その根底にある考えを把握し、想像力を持って行動できれば上手くいく人になれます。

（参考：はじめに、1-4-5 パターン化は相手に押し付けてはならない、3-3-2 I2理論の業務・人生への適用）

2 スピード感を持って対応する人になれ

スピード感を持って対応し、相手から信頼される人になりましょう。

スピード感を持って対応することで相手だけでなく何より自分自身のストレスもなくなります。

あなたから回答がなかなか来ないと、相手にとってはフラストレーションが溜まっていくことになります。ただ回答をすれば良いのではなく相手が欲している意味がある回答でなければ、ムダなやり取りは相手の時間をムダに奪うことになってしまうので、更に相手のフラストレーションを増してしまいます。

相手にスピードを持って回答すると、相手は自分のことを大事にしてくれているのだと思ってもらえ、上手くいきます。

全ての相手に対して同時にスピーディーに対応したいものですが、物理的に不可能な場合は相手に事情を伝えながら優先順位を決めて対応せざるを得ないです。

（参考：1-1-3 スピードを上げると儲かる、1-4-4 効率化はパターン化できるかどうか次第、

1-5-3-3-1　計画通りに作ることは思いやり、3-1　I2理論とは、3-3-1　I2理論の業務・人生への適用）

3　適度な余裕を計画できる人になれ

情報をそのまま横流しで伝えるのではなく、リスクを考慮し適度な余裕を持って回答ができる人になりましょう。

ギリギリであると、自分も相手も焦りやイライラが生じてしまいます。

また余裕の取り過ぎは時間のムダや機会損失になり得ますが、初めての業務や初めての場所、車での移動など遅れるリスクが大きい場合や、絶対に遅れてはならない重要な会議・待合せなどには充分な余裕を持って対応すべきですね。

（参考：1-2-3　余裕の持ち方で生産管理のセンスが分かる、1-5-3-2-1　ジャストインタイム）

4　全体最適の見地から重要な2割を優先して解決する人になれ

物事の全体の流れを俯瞰し、より全体が良くなる選択を決断し、関係者の納得を得ながら進めていける人になりましょう。

全ての物事は2割の重要なことを押さえれば8割をカバーしていることを理解し、パレート図で重要な順に課題解決をしていける人になりましょう。

リソースの配分については、個々の能力と全体状況を捉えた上で適材適所の最適な配置ができる人になりましょう。

（参考：1-3-1　大きなうねり・ゆらぎ・不動　3つのウエーブで管理、1-4-1　8：2の法則、1-5-1　安く作れるかどうかは設計段階で決まる、1-5-2　計画の悪さがムダを生む、1-5-3-1　売れるスピードで作る、1-6　品質を確保し、回転率を上げれば自ずと利益がでる、3-1-2　本当の損益とは?、3-4　成功は熱意次第、3-4-1　業務におけるコンフォート／チャレンジ／サクセス ゾーン、3-4-2　人生におけるコンフォート／チャレンジ／サクセス ゾーン、3-6　人生時間か?お金か?、3-6-1　実は、稼ぐには能力より場所が大事）

5　重要でないこと、できないことは「委譲・仕組化」「外注化」する人になれ

重要でないことは放置しても良いですが、誰かしらが困るのであればその目的を確認し担当に委譲する、又はルーチンワークであれば仕組化・自動化をしてしまいましょう。

仕組化により個人の属人的な判断を排除し、問題があった場合は、個人を責めるのではなく組織として決めた仕組を改善することによりメンバーの精神的安全を確保しましょう。

また自分が苦手な分野については、それを得意とする人にアウトソーシングをして時間の短縮を図りましょう。

沢山の些細な選択で時間が奪われないよう権限委譲、仕組化及び自動化、アウトソーシングをすることにより大きな課題解決の時間を確保しましょう。

（参考：1-3-1 大きなうねり・ゆらぎ・不動3つのウエーブで管理、1-4-8 属人的判断が個人も会社も潰す、1-4-10 軽微なことをいかに考えないか、3-3-4 I2理論の業務・人生への適用）

6 パターン化にて効率的に対応できる人なれ

些細な違いに目を向けるのではなく、概ね同じであると物事を大きく捉え、同じようなものでカテゴライズをし、パターン化ができる人になりましょう。

資料をゼロから作り始め試行錯誤するよりも、前回上手くいった資料をテンプレートに編集した方が、既に吟味された資料であるため圧倒的に完成度が高く、承認されやすい資料になります。

また不確実な予測、不測の事態に対しても、持っているパターン、過去の経験を当てはめることにより不安も少なく英断できることになります。

（参考：1-3 個別受注生産の棚卸資産管理方法とは、1-3-1 大きなうねり・ゆらぎ・不動、1-4-4 効率化はパターン化できるかどうか次第、1-4-6 パターン化にて負けない、1-4-7 同じと考えられる人はIQ・EQが高い、1-4-9 不確実な将来予想は過去データでまず予測、3-2 I2理論の実践、3-3-1 I2理論の業務・人生への適用、3-3-3 I2理

論の業務・人生への適用　～スキルも意欲次第～）

7　意欲を持って「チャレンジ」する人になれ

現状維持だけでは満足できず、自分のやりたいこと、やるべきことに使命感を燃やし、まずはやってみるというチャレンジ精神がある人になりましょう。

今我々が後世の人々の為にチャレンジをし繋いでいかなければ人類の発展はストップしてしまうのです。明るい未来の為にコンフォートゾーンからはみだしてチャレンジをし続けましょう。

ある大きなチャレンジをする為には、それ以外の小さな選択は何も考えないで済むコンフォートゾーン（ルーティーン）の状態にし、大きなチャレンジにのみ心拍数、波動を上げて集中的に対応することになります。

（参考：3-3　I2理論の考え方、3-3-1　I2理論の業務・人生への適用、3-3-2　I2理論の業務・人生への適用、3-3-3～5　I2理論の業務・人生への適用、3-3-8　意欲がないならそこまで）

8　熱意を持ってやり切る人になれ

チャレンジをすると決意したのであれば、最後までやり切る人になりましょう。

やりたいことが成功しない理由は、やり方が悪かったか、成功するまでやらなかったの二つしかないと思われます。

やり方として、長期的な大きな課題は、3ヶ月や6ヶ月の小さな課題に区切り、その期間で達成可能なレベルの目標を掲げ、必ずその期間で完了させるのだという熱意をもって確実にやり切りましょう。

成功するまでには様々な障害があるもので、挫折をした時に、諦めた方が楽になれると思いがちですが、諦めてしまうと逃げる癖がついてしまいます。そこを諦めずにそれなりに成功をするところまでやり切ることにより、自分自身の自信へと繋がっていきます。

やり切らずにアウトプットを出さないことは、コストや棚卸資産を増やしただけだとも言えるのです。

（参考：1-2-2 どうやったら間に合うかを考えるのが製造技術・生産管理の仕事、1-5-3 棚卸資産の面積を小さくすることが一番の生産活動、1-5-3-3-1 計画通りに作ることは思いやり、3-4 成功は熱意次第、3-4-1 業務におけるコンフォート／チャレンジ／サクセスゾーン、3-4-2 人生におけるコンフォート／チャレンジ／サクセス ゾーン）

9 パワーへの切替え上手な人になれ

誰しも辛いことも悲しいことも人生に訪れますが、静かに受け止め、パワーへの気持ちに切替え、上手くいきやすいように波動を上げていける人になりましょう。

世の中必ずしも思い通りの結果にならないのは当たり前、どんなに努力しても2割の人は自分のことが嫌いなことも当たり前なので、気にするだけ自分の気持ちと時間が損であると認識しましょう。

幸せな人だねと嫌みを言われるぐらいに自分に都合の良いように解釈し、自分の思い通りに進めてみましょう。

メンタルな気持ちは早期切替え、意欲の気持ちは持続をして複利の効果を味方にできる人になりましょう。

今この瞬間にしていることが、考えていることが、未来に繋がっていきます。

（参考：2-1-5 実は、メンタルも複利で効いてくる、3-5、3-5-1 意識次第で見える景色・人生が異なる、3-5-2 パワーに切替えてくれることわざ・行動）

10 お金も心も余裕のある人になれ

急にお金が舞い込んで来た時に、泡銭として贅沢三昧をして散財してしまいがちですが、そこを自制していくらか明日の投資に回せる人になりましょう。

お金がないなら時間を使って自分自身に投資をして自分を磨き、お金が得られる力をつけるのが良いでしょう。お金の使い方を学びお金でお金を稼ぐことができるようになりましょう。

その過程では様々なチャレンジを続けることになり、普通の人では想像を絶する失敗や苦労を体験し、自分及び他人の失敗に寛容な心の余裕がある人になれるのです。

人から受けた恩に感謝し恩返しをしましょう。次は自分から恩を与え、特に大事な人であれば見返りを求めない無償の愛を与え続けましょう。それが巡り巡って自分に何倍にもなって恩や愛が返って来るでしょう。

まずは自分自身に余裕がないと人に対しても支援ができる状況になれません。まずは自分の余裕づくりから始めましょう。

人は自分を映す鏡であり、その人に対して優しく接していれば優しい対応が返って来るものです。意識レベルが高いのに余裕が増えない方は、搾取する人に対しても優しくし過ぎているからです。世の中の2割の人は、あなたから搾取することだけを考えている人だと認識して、恩を仇で返すような人からは離れるスマートさが必要です。金持ちが金持ち同士で交流をするのも搾取されるリスクを軽減したいという心理的安全性からだとも言えます。

（参考：1-2-3 余裕の持ち方で生産管理のセンスが分かる、1-4-9 不確実な将来予想は過去データでまず予測、3-4 成功は熱意次第、3-6 人生時間か？お金か？）

11 大きな夢を持つ人になれ

自分一人の幸せではなく、多くの人の幸せを願う夢を持てる人になりましょう。

周りの幸せも自分の幸せに感じることができれば、より多くの幸せを手にできます。

あなたの夢があなただけが利益を得るものであるならば、周りの人々からはどうぞ独りで頑張って下さいと言われるだけです。多くの人に利益を享受できるものであれば、それに賛同する人々があなたの支援者になるでしょう。そして大きな夢を達成する為には、あなたのことを熱狂的に無条件で信頼し支援しますというファンをいかに多く作れるか次第になります。

まずは自分軸で自分がやりたい、自分の強み・得意であることからやりたい夢を選択し、熱意を持って諦めず継続し、その旅路でその夢に賛同してくれる仲間を増やしていくことにより、夢を叶えやすくしていけるのだと思います。

（参考：3－3－6　マズローの欲求5段階、3－3－7　夢の大きさが管理できる範囲の大きさとなる）

12　最期に楽しい人生だったと言える人になれ

次の世界に旅立つ時も楽しく旅立てる人になりましょう。

人生の目的は、人生を楽しみながら、いかに楽しい思い出を作ることだと思います。

それはお金持ちだけではなくどんな境遇にいる人においてもその人なりの楽しい思い出があるはずです。大変だったけど一生懸命で楽しかったと思えることがあると思います。

『STEVE JOBS Last Words』スティーブジョブス最後の言葉というものがあり、ジョブス本人が残したものかどうかは定かではないとのことですが、人生の最期に何を想うのか考え深いものであり紹介させて頂きます。

「私は、ビジネスの世界で、成功の頂点に君臨した。

他の人の目には、私の人生は、成功の典型的な縮図に見えるだろう。

しかし、仕事をのぞくと、喜びが少ない人生だった。

人生の終わりには、富など、私が積み上げてきた人生の単なる事実でしかない。

病気でベッドに寝ていると、人生が走馬灯のように思い出される。

私がずっとプライドを持っていたこと、認められることや富は、迫る死を目の前にして色あせていき、何も意味をなさなくなっている。

この暗闇の中で、生命維持装置のグリーンのライトが点滅するのを見つめ、機械的な音が耳に聞こえてくる。

神の息を感じる。死がだんだんと近づいている。

今やっと理解したことがある。

人生において十分にやっていけるだけの富を積み上げた後は、富とは関係のない他のことを追い求めた方が良い。

もっと大切な何か他のこと。

それは、人間関係や、芸術や、又は若い頃からの夢かも知れない。

終わりを知らない富の追求は、人を歪ませてしまう。私のようにね。

神は、誰もの心の中に、富によってもたらされた幻想ではなく、愛を感じさせるための「感覚」

というものを与えて下さった。

私が勝ち得た富は、私が死ぬ時に一緒に持っていけるものではない。

私が持っていける物は、愛情にあふれた思い出だけだ。

これこそが本当の豊かさであり、あなたとずっと一緒にいてくれるもの、あなたに力を与えてくれるものあなたの道を照らしてくれるものだ。

愛とは、何千マイルも超えて旅をする。人生には限界はない。

行きたいところに行きなさい。望むところまで高峰を登りなさい。

全てはあなたの心の中にある、全てはあなたの手の中にあるのだから
世の中で、一番犠牲を払うことになる「ベッド」は、何か知っているかい？

シックベッド（病床）だよ。

あなたの為に、ドライバーを誰か雇うこともできる。お金を作ってもらうことも出来る。

だけれど、あなたの代わりに病気になってくれる人は見つけることは出来ない。

物質的な物はなくなっても、また見つけられる。

しかし、一つだけ、なくなってしまっては、再度見つけられない物がある。

人生だよ。命だよ。

手術室に入る時、その病人は、まだ読み終えてない本が1冊あったことに気付くのだ。

「健康な生活を送る本」

あなたの人生がどのようなステージにあったとしても、誰もが、いつか、人生の幕を閉じる日がやってくる。

あなたの家族の為に愛情を大切にして下さい。

あなたのパートナーの為に、あなたの友人の為に。

そして自分を丁寧に扱ってあげて下さい。他の人を大切にして下さい。」

お金で買えないもの、それは**「健康」**と、プライスレスな**「愛情に溢れた思い出」**です。

ジョブスを始め先人の知恵のおかげで、今やスマホ一つでいろんな情報を得られる時代になりました。

様々な方々の体験や犠牲の上に私達は生かされており感謝したいものです。

脳内の老廃物を排出する為に**睡眠**を確保した方が良いです。短時間の**昼寝**は午後の仕事の業務効率も上がります。老化を防ぐべく腸内環境を整える為に**善玉乳酸菌**を摂取した方が良いです。癌は低体温、無酸素、糖分を好むので、**身体を温め、深呼吸**をして、**糖分を控え**ましょう。そしてもし癌になってしまった場合は、活性酸素も除去する強い抗酸化作用がある水素吸入がよいらしいです。血管の病気予防には、納豆に含まれる「ナットウキナーゼ」が血栓のもとになるたんぱく質を分解してくれるので動脈硬化予防に期待されるとのことです。

また安い食品は安いなりの理由があります。添加物の少ない食事に投資をし、健康を害するリスクを下げた方が良いです。

そして何よりもストレスを溜めないことです。病は気から、フォースの気持ちをパワーに切替えて心身ともに健康になりましょう。

私が仕事をしていて一番嬉しいことは、退職される方々から、どうしても最後にお礼が言いたいと私を探し回って尋ねて頂けたことです。

私の人生の後悔の1つに、ある友人がもう会えなくなってしまうから最後に会いたいと連絡が来た時に、私の心に余裕がなかったために、冷たく会わず仕舞いにしてしまったことです。誰かの最後の思い出になってあげることができませんでした。

どうかあなたには、**あなたの大切な人には優しい言葉をかけ、思いやりの行動をされて悔いがない人生を送られて下さい。**

誰かの最期の走馬灯のように流れる思い出の中に、もう一度会いたかったと思われる人になりたい。そうなれるよう一期一会の出会いを大切に、誰かの為に一生懸命になりたいと思うのです。

そして自分の人生の最期も、ああ、あの人と、あの人とも、楽しい思い出をありがとうと思いながら息を引き取りたいと思うのです。

あとがき

「Ｉ２理論」をご覧頂きありがとうございます。何かしら思い出になる場面が１つでもございましたら嬉しく思います。

背表紙は「**吉祥天柄**」という縁起が良い柄にしました。これには３つの想いがあります。

①パターンが織り成す美しさ

実は図柄は、一つの図形のパターンを単純に積み重ねただけでこんなにも美しいものになっています。パターン化が織り成す威力に感動です。

②神経のシナプスのように発想を展開

麻は生命力がとても高くすくすく大きく育つらしいです。その縁起の良さから御守りにも使われているとのことです。

この吉祥天柄が私には神経のシナプスのようにも見えました。Ｉ２理論では１つの事柄について、様々なコトへ適用・応用・発展の展開をしました。

③「Ｉ３理論」のススメ

この図柄は３角形の集合体です。Ｉ２理論での累積コストの図形にも似ています。

そして願わくは、私のＩ２理論に留まることなく、あなたの得意とすること、好きなこと、信念などを付け加えて、あなたの「Ｉ３理論」を展開して頂けたら幸いに思います。

そして、この縁起の良い吉祥天柄に**最強の言霊「とほかみえみため」**を添えました。

「とほかみえみため」とは、「遠津御祖神、十の神様、私は感謝しているので微笑んで下さい」という意味です。これを唱えると、どんな夢も叶うとも言われています。

あなたの夢と共に唱えてみてはいかがでしょうか。

あなたの夢を諦めず熱意を持って**行動**し続ければ何らかの形で**必ず叶う**のです。

これからチャレンジをするあなたへ

自分の大事なことは人に委ねず**自分で決断**をしましょう。失敗しても自分が決めたことだから誰のせいにもせず、最初は誰しも失敗するものだと**楽観的に自分も責めず**、自分の**何が足りなかった**のかを客観的に考え、未来に向けて再チャレンジしましょう。成功したなら素直に喜び、**慢心せず**に、次なるチャレンジを目指しましょう。

誰かが困っていたら**自分ができる範囲で助け**、それが巡り巡って自分の足りない部分を他の誰かから助けを受ける日がきっと来るでしょう。自分に余裕ができ、一人でも多くの人を助けることができたなら、一人でも多くの人から助けてもらえるでしょう。そういう世の中が当たり前になる時代がもうすぐ近くに来ていると思います。**自分へのチャレンジと他人への愛を与え続け**ましょう。

この本を執筆するにあたって私の人生で**出逢って頂いた全ての方々に感謝**しております。そして何よりも今こうしてこの本を読まれ、出逢って下さった**あなたに感謝**しております。

この本は私の本ではありません。あなたの本です。この本を読んで頂いてどのように**感じ**、どのような**行動**に移すのかは、**この本が生きるも死ぬもあなた次第**なのです。

「I2理論」のご感想を「#I2理論」でX（旧Twitter）などにポスティング頂けると幸いです。

また何かございましたら左記QRコードよりXの私のDMにまでご連絡を頂けたら幸甚です。

@consulKENJIASO

引用

日本本生産性本部（日本の生産性）、ギャラリーサンカイビ（スティーブ・ジョブス最後の言葉）

参考文献

TikTok

華僑J☆負けない経営（便所のネズミ蔵のネズミ、劉備玄徳）、三崎優太（キャピタルゲイン）、rの住人ピエロ（コンフォートゾーン）、小川大地（とおかみえみため）、中田敦彦（厚切りジェイソンの投資先、お金の投資・浪費）、Timekiller（意識レベル）、Aitohikari（松下幸之助）、歴史トリビア（松下幸之助）、Apple（ジョブズの最後の言葉）、KA18（癌の真実　宗像久男）、まーてる先生（水素療法）

Web検索Copilot

複利について、アインシュタイン、72の法則、2003年～2023年株価上昇率（IG証券）、2003年～2023年名目GDP上昇率（GD Freak）、年収1億円、17の意識レベル、Yomi Dr.　2021年9月16日コラム（睡眠で脳の老廃物が排出）、

みうらクリニック　副作用が少ないがん・難病治療　水素吸入（水素が癌治療に効く）、
良好倶楽部　納豆（納豆が血管の病気の予防に良い）

コラム

ダイヤモンド オンライン（金持ちがしないこと）

※順不同

阿曽賢治（あそ・けんじ）
ASO経営パートナーコンサルティング　代表
早稲田大学商学部卒業後、大手メーカに就職。
エネルギー・インフラ関連の工場2拠点の生産企画長を経て、本社の生産企画長を経験。 製造棚卸資産管理の高度化と、設備投資管理統制などを通じたキャッシュフロー経営及び、工場の経営課題解決が得意分野。
これまでの経験を活かして日本の製造業を盛り上げたくASO経営パートナーコンサルティングを設立。
座右の銘は「思考が変われば未来も変わる」

I2理論　思考が変われば未来も変わる

2024年10月5日　　第1刷発行

著　者――― 阿曽賢治
発　行――― 日本橋出版
〒103-0023　東京都中央区日本橋本町2-3-15
https://nihonbashi-pub.co.jp/
電話／03-6273-2638
発　売――― 星雲社（共同出版社・流通責任出版社）
〒112-0005　東京都文京区水道1-3-30
電話／03-3868-3275

ISBN 978-4-434-34217-2